杨湾村志

LOCAL RECORDS OF YANGWAN

江苏省苏州市吴中区东山镇杨湾村志编纂委员会　编

图书在版编目（CIP）数据

杨湾村志 / 江苏省苏州市吴中区东山镇杨湾村志编纂委员会编. -- 北京：方志出版社，2018.11
（中国名村志丛书）
ISBN 978-7-5144-3363-0

Ⅰ. ①杨… Ⅱ. ①江… Ⅲ. ①村史—苏州 Ⅳ. ① K295.35

中国版本图书馆 CIP 数据核字（2018）第 237884 号

· 中国名村志丛书 ·

杨湾村志

编　　者：江苏省苏州市吴中区东山镇杨湾村志编纂委员会
责任编辑：王海荣

出 版 人：冀祥德
出 版 者：方志出版社
地址　北京市朝阳区潘家园东里 9 号（国家方志馆 4 层）
邮编　100021
网址　http://www.fzph.org
发　　行：方志出版社图书经销中心
电话　（010）67110500
经　　销：各地新华书店
排　　版：北京纺印图文设计制作有限公司
印　　刷：北京中科印刷有限公司

开　　本：787 × 1092　1/16
印　　张：16.25
字　　数：287 千字
版　　次：2018 年 11 月第 1 版　2018 年 11 月第 1 次印刷

ISBN 978-7-5144-3363-0　定价：130.00 元

◉ 序一

中共十九大报告明确提出："坚定文化自信，推动社会主义文化繁荣兴盛。""没有高度的文化自信，没有文化的繁荣兴盛，就没有中华民族伟大复兴。要坚持中国特色社会主义文化发展道路，激发全民族文化创新创造活力，建设社会主义文化强国。"编修地方志是中华民族千百年来的固有传统，留下了浩如烟海的历史文献，承担着传承中华文明、发掘历史智慧的重任，发挥着存史、育人、资政的作用。

在习近平新时代中国特色社会主义思想指引下，在增强文化自信、推动传统文化创造性转化、创新性发展背景下，全国地方志事业迎来了开拓创新与转型升级的重要机遇期。中国地方志指导小组及其办公室组织实施的中国名村志文化工程，用中国独有的文化载体——地方志，来记录乡村的"名"和"特"，记录乡村全面建成小康社会的进程和取得的成就，是地方志围绕以人民为中心开拓创新的具体举措，是传承乡土文化、坚定文化自信、加快建设社会主义文化强国的内在要求，是服务乡村振兴战略、加快全面建成小康社会、推进社会主义现代化建设、实现中华民族伟大复兴中国梦的应有之义。

实施中国名村志文化工程，是方志人贯彻落实习近平总书记"农村要留得住绿水青山，系得住乡愁"重要讲话精神的重要举措。"望得见山、看得见水、记得住乡愁……"习近平总书记用诗意的语言为中国的新农村建设指明了方向。开展新农村建设、美丽乡村建设，一定要把绿水青山保留下来，尽可能在原有村庄形态上改善农民生活条件，不盲目拆旧，也不盲目造新，让家乡的每一条河、每一棵树、每一口井，都能永远成为我们的乡愁。这是我们弘扬传统、面向未来的底气所在。那么，如何留住乡音、乡风、乡思，继承传统文化菁华，挖掘历史智慧，成为极其重要的工作。实施中国名村志文化工程，保护抢救、传承保存、开发利用宝贵的村落文化，重新唤起人们记忆中古老村落的青山绿水、小河大树、轶事掌故，打造完整记录乡村发展嬗变和现代化农村经济社会运行模式的系列中国名村志丛书，让乡土文化回归并为困惑的当代人提供精神家园，让农耕文化的优秀菁华成为建构农村文明的底色，无疑具有重要的现实意义和深远的历史意义。

实施中国名村志文化工程，是方志人贯彻落实党中央乡村振兴战略的鲜活实践。中共十八大以来，以习近平同志为核心的党中央高度重视农业、农村、农民工作，提出了许多新理念、新思想、新战略，特别是中共十九大报告作出实施乡村振兴战略的重大部署。2018 年 9 月 26 日，中共中央、国务院印发《乡村振兴战略规划（2018—2022 年）》，明确提出“鼓励乡村史志修编”。深入推进中国名村志文化工程，有利于全面翔实记录乡村振兴进程，客观记载地理环境、历史沿革、姓氏源流、人口、民族、方言、民居、宗祠、风俗习惯、家谱族谱、家规族规、宗教信仰、文物遗址、掌故传说、历史事件、人物等，完整保留乡土文化的原貌。所有这些工作，可以为延伸地方志工作触角，充分发挥志书存史、育人、资政功能提供借鉴；可以为社会各界和华人华侨、港澳台同胞寻根问祖、反哺桑梓、泽被乡里提供帮助。依托中国名村志文化工程的重要平台与载体，乡村振兴战略下的现代乡村将进一步挖掘自身独特内涵，彰显其新时代的作用及意义。

中国名村志文化工程从新时代中国特色社会主义的新需求出发，创新体例，立足实际，内容既严谨又通俗，展示了不同地区自然和社会风貌，在坚持志体基础上运用专题报告、回忆录、人物访谈、新闻资料等多种手法，重点介绍农村地区在转型发展方面的探索、示范、引领意义，对于不断提高地方志事业围绕中心服务大局的能力，为乡村改革发展贡献历史智慧，讲好中国故事，彰显中国软实力，增强“四个自信”等方面具有积极意义。

两年来，在借鉴中国名镇志丛书及各地乡镇（村）志宝贵编纂经验的基础上，中国名村志丛书编修不断取得丰硕成果，产生了良好的社会效益，新一批中国名村志的申报数量、覆盖范围延续强劲增长态势，充分体现出强大的内生动力。下一步，要总结经验、把握规律，为服务国家城镇化建设和乡村振兴战略打造更多优秀文明成果，推动中华优秀传统文化创造性转化和创新性发展，从中提炼出适合新时代、新形势、新变化、新要求的文化精髓，展现中国方志的当代价值和世界意义。

是为序。

中国社会科学院院长
中国地方志指导小组组长　谢伏瞻

◉序二

连绵不断地编修地方志是中国独有的优秀文化传统，承担着赓续文明、传承文化的重任。保存至今的8000余种、10万余卷历代方志，蕴含着传统文化基因和海量文化信息，既是中华优秀传统文化的重要组成部分，又是传承、彰显中华优秀传统文化的重要载体。

在各种类型的地方志编纂中，村志编纂古已有之，但从未进入国家层面的地方志编纂序列。新中国成立以来，党中央、国务院高度重视包括村志编纂在内的地方志工作，出台了重要文件。中央领导发表了重要讲话、作出了重要批示。习近平总书记高度重视包括村志编纂在内的地方志工作。2004年10月，他在担任浙江省委书记时到江山市凤林镇白沙村考察，看到村民编纂的《白沙村志》，鼓励村民把村志继续编纂下去。2014年4月，刘延东副总理在与第五次全国地方志工作会议部分会议代表座谈时指出："要结合发展的新形势，加强对地方志包括部门志、行业志、专题志、乡镇村志编纂的业务指导和服务。"2015年8月，国务院办公厅印发的《全国地方志事业发展规划纲要（2015—2020年）》，正式将中国名村志文化工程列为主要任务之一。2017年5月，中共中央办公厅、国务院办公厅印发的《国家"十三五"时期文化发展改革规划纲要》指出："完成省、市、县三级地方志书出版工作。开展旧志整理和部分有条件的镇志、村志编纂。"可以说，村志编纂迎来了历史上的最好时期。

农业、农村、农民"三农"问题，是数千年来影响中国社会发展最核心的问题。中共中央高度重视"三农"工作，从2004年起，连续13年，每年的中央1号文件都聚焦"三农"。中共十九大报告更是提出"农业农村农民问题是关系国计民生的根本性问题，必须始终把解决好'三农'问题作为全党工作重中之重"，特别是提出了"乡村振兴战略"，这是中国共产党在中国特色社会主义进入新时代后，对农村发展问题所做出的准确把握和与时俱进的战略应对，是建设中国特色社会主义强国战略的重要组成部分。改革开放近40年来，在党中央、国务院高度重视社会主义新农村建设的新形势下，各地涌现出一大批历史文化名村、经济强村、新农村建设示范（试点）村、美丽乡村和特色村，成为先进生产力和先进文化的代表。客观记录中国农村全面建成小康社会的进程，向后人展示在中国共产党领导下农村千年未有的巨变，是地方志工作者肩负的光荣而重大的历史使命。编纂中国名村志丛书，是记载当代中国农村发展变革的重要途径。

文化寻根，寻的是其发展的源头和根基。村落是中国传统文化的根基所在。农村的生产生活方式、社会规范、宗族文化、宗教文化、民风习俗、传统节日、民间艺术等，无不镌刻着中国人独特的民族性格，这就是家国情怀、文脉绵延、精神归属。在快速城镇化进程的冲击和开发性破坏下，大量传统村落面临消亡的危机，村落蕴含的历史文化信息也流失殆尽，抢救性保护刻不容缓。编纂中国名村志丛书，是保存村落历史文化信息，抢救、保护村落文化最好的方式。

一方水土养一方人。家乡的山水草木、村间小巷、乡俗民情会在每个人心头留下深刻的烙印，这就是故土情结。而村落的形成与发展离不开人的活动。编纂中国名村志丛书，通过记述村落建筑、名门望族来追溯村落的历史；通过记述村落规模、布局、人口、物产等反映人口来源、宗族兴衰、生活习惯、文化背景、宗教信仰、经济发展等，体现环境与人相互影响、相互作用、相互发展的既矛盾又统一的关系；通过记述戏剧、音乐、舞蹈、美术、文学、手工技艺等文化形式，展示百姓在长期的生产生活实践中摸索和总结出的智慧结晶，强化人们沟通感情的纽带。编纂中国名村志丛书，是传承乡俗、诉说乡音、记住乡愁、纾解乡思，激活历史传统、唤起共同文化记忆、塑造共同心灵认同的重要文化工程。

中国名村志文化工程以践行文化自信、传承中华文脉、彰显时代发展为己任，以打造全国地方志系统的重要品牌为目标，在体裁运用、篇目设置、资料选择等方面进行大量的创新，突出“名”和“特”，拣选各个名村中最值得记述、最具有代表性的人、事、物，予以浓墨重彩的描画，从而形成系列的、高质量的、可读性强、雅俗共赏的地方志读本，让地方志紧接地气、贴近百姓，让地方志成果进入寻常百姓家，让人民群众共享地方志成果，让越来越多的人从地方志中感知传统、历史和记忆，成为传统村落和传统文化的守护者，成为中华优秀文化的传承者。

是为序。

中国社会科学院原院长
中国地方志指导小组原组长　王伟光

◉ 序三

习近平总书记指出：“让居民望得见山，看得见水，记得住乡愁。”这句富有诗意的重要论述不仅唤醒了中国人城镇化建设过程中对于人和自然关系、人和历史关系的思考，同时也引发了学界对“乡愁”进一步进行文化意义解读的兴趣。从本质上看，乡愁是一种源自主体体验的情感，隐含了一种人们带着乡愁追寻自我生存与生命意义、追寻诗意栖居的精神家园的美学思辨。同时，这种追寻自我生存的主体逐渐转向大众群体，乡愁也由传统单一的“文化乡愁”“爱国情怀”演变为对于“理想家园”的精神追求。

中国有近 60 万个村庄，约有 5000 个古村落，被住房城乡建设部和国家文物局界定的传统村落就有 1561 个。随着中国城镇化步伐的加快，乡村的版图日渐凋敝，大批农村青壮年劳动力走进城镇，融入了新的生活。然而，每逢传统佳节，那种挥之不去的离愁别绪挟裹着亿万农民工，又融入了返乡的滚滚洪流。这是乡愁的情愫牵动着他们，是故乡的山、故乡的水、故乡的老屋、故乡的小吃在牵动着他们，是故乡家家户户的楹联和口口相传的故事，以及只有在隆重的传统佳节才有的古老的民风习俗在牵动着他们。

文化可以体现一个民族、一个国家、一个社会的重量与体温，这是文化的力量之所在，而村落是传统中国的根脉所系，乡土社会是最能够体现中国传统文化特征的地方。梁漱溟曾指出：“中国文化是以乡村为本，以乡村为重，所以中国文化的根就是乡村。”我曾在《建设社会主义新农村的理论与实践》一书中指出，在新农村建设的过程中，必须“保护和发展有地方和民族特色的优秀传统文化，创新农村文化生活的载体和手段，满足农民群众多层次、多方面的精神文化需求”，而编纂村志尤其是实施中国名村志文化工程就是一个重要举措。实施中国名村志文化工程，编纂中国名村志丛书，以最基层的村落为研究对象，寻根传统村落的历史，梳理村落的发展脉络，以唤起人们的归属感和认同感，探索新型城镇化和社会主义新农村建设过程中，如何留住乡音、乡风、乡思，继承传统文化精华，挖掘丰富历史智慧，是贯彻落实中央城镇化工作会议精神和中共十九大提出的“乡村振兴战略”的重要举措，是当前和今后一个时期全国地方志工作者的重要工作。

虽然村落文化正在日益远离当下生活，但我们可以抓住诸如基本村情、文物胜迹、古村保护、特色文化、旅游名胜、村域经济、风土民情、村民生活、新农村建设、艺文杂记、名人与名村等关键内容，通过志书的手法来诠释乡村文化的精华。我们如实记录着村落里的人和事，以及青山绿水、小河大树、袅袅炊烟，力争以最完整、最原真的方式呈现村落的前世今生。我们要为“迷失”的人留住乡村文化的根脉，让人们难以割舍的乡愁得以慰藉和释放。

中国名村志文化工程将触角伸向那些极具代表性的村落，它们有的历史悠久、名人辈出，有的经济腾飞、重获新生，有的风景秀丽、景观独特，有的地处边陲、神秘莫测……我们挖掘中国不同类型村落的发展之路，为探索新型城镇化和社会主义新农村建设的发展经验、发展模式、前进道路提供历史智慧和现实借鉴。因此，打造以重在表现乡村嬗变为主旨的中国名村志丛书十分必要和迫切，这是一项功在当代、利在千秋的文化工程。

近年来，随着中国经济社会的发展和国际地位的提高，越来越多的人想要认识中国、了解中国、研究中国。在这样的形势下，乡村是不可或缺的一环，我们要集中讲好发生在乡村的故事，向世界呈现一个多元的、立体的中国。乡村历经岁月变迁的风雨，见证着改革开放的步伐，寄托着数代中国人的情感。发生在乡村的故事无疑是血肉丰满的、震撼人心的、引起共鸣的。我们应该有这个自信能够讲好乡村故事，讲好中国故事，描绘出中国的底色，“让每一个中国人都能在地方志中找到自己的位置”。

可喜的是，越来越多的有识之士认识到了这一点，加入到保护、传承、发展村落文化的队伍中来。仅就编纂中国名村志丛书来看，第一批的申报范围就涵盖包括香港特别行政区在内的 32 个地区，申报数量高达 70 余部。“直笔著信史，彰善引风气，为当代提供资政辅治之参考，为后世留下堪存堪鉴之记述”，这是我们的初心和使命。希望中国名村志文化工程的实施，能够带动更多的人关注中国乡村文化，为社会主义文化强国建设作出更大的贡献。也希望越来越多的名村都来融入继承中华文化传统、颂扬中华传统文化的活动中，让正能量更多地润泽温暖人们的心灵，让更多的人“记得住乡愁”！

是为序。

中国社会科学院副院长
中国地方志指导小组常务副组长 

◉中国名村志丛书编纂委员会

◉中国名村志丛书编纂委员会办公室

◉ 江苏省苏州市吴中区东山镇杨湾村志编纂委员会

主　　任　陆雄文

副 主 任　杨维忠

委　　员　黄美峰　吴永强　周敏刚　朱　瑛　叶春喜
　　　　　朱迎春　秦荣芳

特约编审　陈其弟　傅　强　翁建明　陈　萍

◉ 江苏省苏州市吴中区东山镇杨湾村志编辑部

主　　编　杨维忠

副 主 编　秦荣芳

编　　委　杨维忠　秦荣芳　朱　瑛

摄　　影　秦荣芳　鲍建国　金其传　计龙根　倪浩文
　　　　　秦伟根　张颂钧　郑思年　陈爱民　黄　寅

杨湾古道（2013年）

◉ 中国名村志丛书凡例

一、以马克思列宁主义、毛泽东思想、邓小平理论、“三个代表”重要思想、科学发展观、习近平新时代中国特色社会主义思想为指导，坚持辩证唯物主义和历史唯物主义的立场、观点和方法，存真求实，全面、客观、系统记述中国名村村落发展变化进程和改革开放成果，传承和抢救乡土历史文化，激发爱国爱乡情怀，留住乡愁，为探索中国特色新型城镇化建设、服务乡村振兴战略提供历史智慧和现实借鉴。

二、为全面反映入志事物发展脉络，各志上限尽量追溯至事物发端，下限一般断至各村志启动编修年份，个别重大事项可延至搁笔。详今明古，着重反映时代特色和地方特点，重点体现各村的“名”与“特”。

三、记述地域范围以下限年份的行政辖区为主。为体现名村在更大区域内的意义，可以从更开阔的区域视野记述与该村相关的内容。

四、统一采用纲目体，设类目、分目、条目三个层次。横排门类，纵述史实，述而不论。

五、综合运用述、记、志、传、图、表、录等各种体裁，以志体为主。体裁运用适当创新，篇目设置不求面面俱到，一般意义上的村级内容略去不载。

六、除引用文字和附录文献资料外，统一使用规范的现代语体文记述，行文力求朴实、严谨、简洁、流畅、优美，具有较强可读性。

七、人物部类遵循“生不立传”原则，人物传主按生年排序，只选录对本村发展有重大影响的人物，不面面俱到。

八、各项数据一般采用国家统计部门数据。数据缺乏的，采用主管部门或主办单位正式提供的数据。

九、数字用法、标点符号、计量单位分别执行国家标准《出版物上数字用法》

（GB/T 15835—2011）、《标点符号用法》（GB/T 15834—2011）、《国际单位制及其应用》（GB 3100—1993）和《有关量、单位、符号的一般原则》（GB 3101—1993）。历史上使用的计量单位，如斗、石、里、尺、磅、华氏度等，在引文时可照录。考虑到社会使用习惯，全书中亩不统一换算。

十、中华民国成立前的纪年，使用朝代年号纪年，括注公元年份；中华民国成立后的纪年，均使用公元纪年。志中所称“解放前（后）”，以该村解放日为界；“新中国成立前（后）”，以中华人民共和国成立日 1949 年 10 月 1 日为界；“改革开放前（后）”，以 1978 年 12 月中共十一届三中全会召开为界。本志“×× 年代”，凡未加世纪者，均指 20 世纪。

十一、为节省篇幅，避免重复，本志采用条目互见法。参见条目的表示形式为：参见本志“×× 类目·×× 分目·×× 条目”。

十二、对旧志、古籍中的繁体字、冷僻字一般用简化字或通用字替换，易引起误解的则保留。

十三、记述各个历史时期的党派、机构、职务、地名等，均以当时的名称为准。对频繁使用的名称，首次用全称并括注简称，其后用简称。

十四、各村志需要单独说明的事项，均在各自编纂始末中记述。

杨湾村在中国的位置

新疆维吾尔自治区
乌鲁木齐
西藏自治区
拉萨
青海省
西宁
甘肃省
兰州
宁夏回族自治区
银川
内蒙古自治区
呼和浩特
黑龙江省
哈尔滨
吉林省
长春
辽宁省
沈阳
北京市
北京
天津市
天津
河北省
石家庄
山西省
太原
山东省
济南
陕西省
西安
河南省
郑州
江苏省
南京
安徽省
合肥
上海市
上海
吴中区
杨湾村
浙江省
杭州
四川省
成都
重庆市
重庆
湖北省
武汉
湖南省
长沙
江西省
南昌
福建省
福州
贵州省
贵阳
云南省
昆明
广西壮族自治区
南宁
广东省
广州
香港
澳门
台湾省
台北
台湾岛
钓鱼岛
赤尾屿
海南省
海口
海南岛
东沙群岛
西沙群岛
永兴岛
中沙群岛
黄岩岛
南沙群岛
曾母暗沙
黄海
东海
南海
渤海
黄河
长江
图例
北京 首都
天津 省级行政中心
未定 国界
省、自治区、直辖市界
特别行政区界
名村所在县级区域
名村
1：32 000 000
审图号：GS（2018）2667号

杨湾村在江苏省的位置

丰县
沛县
贾汪区
鼓楼区
徐州
铜山区
徐州市
邳州
睢宁
新沂
东海
赣榆区
东西连岛
连云区
连云港
连云港市
灌云
灌南
响水
沭阳
宿迁
宿豫区
宿迁市
泗阳
泗洪
涟水
淮阴区
淮安
淮安区
淮安市
洪泽区
盱眙
金湖
滨海
阜宁
射阳
建湖
盐城
盐都区
盐城市
大丰区
宝应
高邮
扬州市
兴化
东台
泰州市
姜堰区
海安
江都区
泰州
广陵区
扬州
仪征
高港区
如皋
如东
南通市
六合区
南京
浦口区
栖霞区
江宁区
南京市
镇江
丹徒区
句容
丹阳
镇江市
扬中
泰兴
靖江
通州区
南通
海门
启东
江阴
常州
武进区
金坛区
常州市
溧水区
高淳区
溧阳
宜兴
惠山区
锡山区
无锡
无锡市
张家港
常熟
太仓
昆山
相城区
苏州
吴中区
吴江区
苏州市
东山镇
杨湾村
太湖
洪泽湖
黄海
长江
京杭运河
图例
南京 省级行政中心
苏州 地级市行政中心
溧阳 县级行政中心
省界
地级市界
名村所在县级区域
名村所在乡镇
名村
1：3 060 000
审图号：GS（2018）2667号

杨湾村平面示意图
陆巷村
碧螺村
双湾村
陆巷村
石桥
张巷
轩辕宫
杨湾村村民委员会
明善堂
上湾
大浜
杨湾
怀荫堂
杨湾明清古街
莫厘峰路
轩屯路
环山路
墓公路
侨华
湖沙
澄湾
屯湾
王家站
湾里
西巷
寺前
能仁寺路
杨梅园路
池塘咖啡
长圻嘴
长圻码头
太湖
环山公路
渡水港
北

杨湾全景图（2015 年）

杨湾新貌（2015 年）

屯湾春色（2015 年）

鸟瞰杨湾（2016 年）

长圻荷塘（2015 年）

◉ 目录

太湖风月三千顷
南宋遗泽八百年

杨湾古村，位于江苏省苏州城西南 40 千米处的太湖半岛上，距东山镇区 8 千米。南临太湖，北连陆巷，东接槎湾，西靠白浮门，遥望三山岛，区域面积 11.86 平方千米。2016 年 12 月，辖 12 个自然村，26 个村民小组，1140 户，3673 人。

杨湾是东周末期的古战场，也是苏州乃至江苏的西南边界，与浙江湖州仅一水之隔。这里是吴越争霸的军事前哨，2500 年的历史虽抹去了昔日厮杀的刀光剑影，却留下了许多吴越的遗址与遗迹：演武墩、铜鼓山、屯兵湾、南望哨、北望港……这些冷兵器时代的古战场，见证了古村乃至东山的悠久历史。

杨湾是魏晋时期的佛教圣地，“南朝四百八十寺，多少楼台烟雨中”。南朝时东山所建的九座古寺中，能仁寺、灵源寺、弥勒寺都择地建在杨湾，历经千年岁月，这些古寺虽已苍老，大多庙殿僧舍不全，甚至遗址被野草覆盖，但寺庙中灵源泉、罗汉松、香花桥、泗州池、骑龙殿等南北朝及唐宋景观保存完好。这些遗址、古迹是杨湾不可再生的历史资源，若到这些地方去一览，定能引起人们的千古之恋。

杨湾是江南明清建筑保存较多较好的村落之一，境内古庙、古宅、古桥，以及古井、古木、古石多达百处，是名副其实的江南古建筑博物馆。元代轩辕宫，明代怀荫堂、明善堂三处古建筑，被列为全国重点文物保护单位，是杨湾乃至中华民族的瑰宝。已有 700 多年历史的轩辕宫，斜墙、梭柱、断梁，与苏州观前街玄妙观建筑年代相同、

清乾隆年间（1736—1795）太湖全图

杨湾晨曦（2015 年）

风格相近，在江南古村落中独领风骚。

杨湾自然风光秀美，“杨湾风月三千顷，总是门前一段秋”，明代诗人蔡升的诗句，画龙点睛，道出了杨湾秋天之美。橘子红、杏叶黄、松柏翠，白练似的湖浪拍打堤岸，多彩的祥云在村子上空飞飘。长圻探梅、灵源冬雪、演武怀古、碧螺览胜等杨湾八景，古今相融，获得新生，展现了古村杨湾的旧貌新颜。

杨湾山珍湖味兼备，可春采碧螺春，夏尝白沙枇杷、乌紫杨梅，秋摘石榴、板栗，冬品蜜橘、香橙。银鱼、白虾、白鱼“太湖三白”与莼菜、莲藕、红菱“水中三仙”应季上市。“一年十八熟，四季茶果香”，山村的空气中，终年飘着鱼虾的鲜味和花果的甜香，展现了一派百姓安居乐业的喜人景象。

杨湾人杰地灵，古往今来人才辈出。自元至清末，杨湾先后出过 8 名进士、15 名举人和 30 多名在苏州及全国有影响的诗文大家。

临安太守叶程，东山历史上第一位举人元代叶颙，明代陕西布政使叶德闻、南京城建筑总监张宁、葑山大营抗倭名将殷训，清代刑部侍郎李敬、御医周祖礼都是杨湾人。民国时上海十大商会中，杨湾有 4 人任要职。当代杨湾出了两名将军、两名全国体坛冠军、4 名全国书法协会会员。

三千顷风月，道不完古村风流；八百年遗泽，言不尽阳湾灵地。古韵新风，再展当代杨湾锦绣篇章。

基本村情

苏州市吴中区东山镇杨湾村，位于江浙两省交界的西南太湖半岛上。历史悠久，古迹众多；依山临湖，风光秀丽；土壤肥沃，物产丰饶。2013年被列为第二批“中国传统村落”。2014年入选第六批“中国历史文化名村”。2016年，区域面积11.86平方千米，辖12个自然村，26个村民小组，有1140户，3673人。

◉ 地理环境

地名由来 杨湾，始称阳湾，即向阳之湖湾，寓“向阳花木易为春”之意。南宋时汝南周氏易地迁山，见山坞中树木茂盛，木易为杨，故名杨湾。太湖地区最早的方志，明《震泽编》(明蔡升撰，王鏊重修。下同)中，即有“上杨湾”及“下杨湾”之村名。

建置 两千多年前的春秋时期，杨湾屯湾村的长圻嘴就为吴越之边界，吴国军事前哨阵地。东周元王三年(前473)，越王勾践灭吴，东山属越，杨湾随之。东周显王十四年(前355)，楚灭越，杨湾为楚境。秦王政二十五年(前222)置会稽郡，治吴县，杨湾为吴县辖地。北宋政和三年(1113)，杨湾隶属湖州之乌程。元袭宋制。明洪武五年(1372)，东山从乌程划归吴县，杨湾归之。清乾隆元年(1736)设太湖厅(县级)，

长圻瞭望哨遗址(2016年)

厅署驻东山，杨湾属太湖厅。咸丰十年（1860）东山一度隶属浙江湖州府，杨湾随之。民国时撤太湖厅，东山归属吴县，设东前山、东后山二乡，杨湾属东后山乡。新中国成立后，东山隶属苏南行政公署太湖行政办事处，杨湾为后山乡政府所在地。1953 年设震泽县，县治驻东山，杨湾属震泽县后山乡。1959 年撤震泽县建置，并入吴县，东山属吴县，杨湾随之。2001 年 2 月，撤吴县，设立苏州市吴中区、相城区，杨湾隶属苏州市吴中区东山镇。

区划 明代县以下设乡，乡以下为都、图、村。明初东山设置 5 个都，第二十六都至三十都，杨湾属震泽乡第二十八都。清康熙年间（1662—1722），东山划为 3 个乡，5 个都，统 42 个图，杨湾属震泽乡。清中期，县辖都图制进一步细化。乾隆年间（1736—1795）刻印的《太湖备考》载：二十八都，震泽乡，统 19 图，在东山。地名：石桥、坊里、张巷、上杨湾、王舍、北望、寺前、长圻。二十九都，蔡仙乡，统 20 图，在东山。地名：澄湾、白浮头、湖沙、下杨湾、蒉家嘴……上述都、图、村落均在现杨湾行政村区域内。

民国时期，东山分置东前山、东后山二乡，时杨湾属东后山乡。1929 年，划东山为吴县第十七区，全区设 5 个镇 38 个乡。东山置 1 个镇 7 个乡，设杨湾镇，镇中设杨湾乡。1933 年，东山划归吴县第十二区，区以下设杨湾镇等 4 个镇 6 个乡。

抗战胜利后，东山区与横泾区合并，原 10 个乡、镇并为 3 个乡 3 个镇，3 个镇即为前山镇、渡桥镇、杨湾镇。1948 年，东山区与西山区合并，改为洞庭区，由 6 个乡、镇合并成 1 个东山镇，1 个后山乡，杨湾属后山乡。

新中国成立初期，东山隶属苏南行政公署太湖行政办事处，设区政府，区以下为乡（镇），下置村、组，全区划为 1 个镇 8 个乡，杨湾为后山乡政府所在地。

1953 年 5 月，苏南行政公署太湖行政办事处改置震泽县，下辖东山区、西山区以及湖中区 3 个区，县政府设在东山，杨湾属第一区（东山区），区政府设在杨湾。1957 年撤区并乡，合并成后山、渡桥两个乡和 1 个东山镇，杨湾属后山乡。

1958 年，前后山乡镇合并成两个公社：前山成立东山人民公社；后山成立洞庭人民公社，公社所在地设在杨湾。

1961 年，前后山合并成洞庭人民公社，建 30 个生产大队，杨湾改为杨湾大队，上湾改为虹光一大队，屯湾改为虹光二大队。

1968 年，洞庭公社、东山镇由人武部代管，建立革命委员会（简称“革委会”），大队建立革命委员会。杨湾 3 个生产大队改为杨湾大队革委会、虹光一大队革委会、虹光二大队革委会。

1981 年，撤洞庭人民公社革命委员会，成立东山人民公社管理委员会，杨湾 3 个生产大队又分别更名为杨湾大队管委会、上湾大队管委会、屯湾大队管委会。

1983 年，实行政社分设，恢复乡村行政建置，同时建立东山乡人民政府，乡以下设村民委员会及村民小组，杨湾 3 个生产大队改为杨湾村村民委员会、上湾村村民委员会、屯湾村村民委员会。

2003 年 11 月，杨湾、上湾、屯湾 3 个村合并成一个行政村——杨湾行政村。

区位 东洞庭山，简称东山，为湖中半岛，坐落在江浙交界的西南太湖半岛上，地处北纬 31°～31°07′、东经 120°20′～120°27′。杨湾位于东山镇西南部，距镇区 8 千米，三面临水，一面连陆，南与浙江省湖州市隔湖相望，东与槎湾村相连。

交通 杨湾偏于东山西部沿湖山坞中，旧时交通较为闭塞。民国时期，对外交通靠水路，主要交通工具为汽轮，筑有杨湾轮船码头。1970 年元旦，东杨（东山—杨湾）公路通车，接通木东（木渎—东山）公路。1976 年，全长 27 千米的后山段环山公路建成。1990 年，东山建成集防洪、交通、游览于一体的环太湖大道。2008 年，环山公路延伸至杨湾长圻沿湖地段（新增 3.6 千米），建成一级公路。杨湾距苏州、上海、南京、杭

杨湾村口公路（2016 年）

环岛公路（2016 年）

州等城市中心分别为 37 千米、120 千米、180 千米、140 千米，杨湾村可通过苏州绕城高速公路南段、沪宁高速公路、苏嘉杭高速公路到达上述大中城市，车程不超过 2 小时。在苏州火车站乘 502 路公交车及苏州市汽车南站乘 62 路公交车至东山，换 627 路公交车可达杨湾。环山公路从槎湾入村，至石桥接陆巷村，长 3.6 千米，沿途有大浜、杨湾、明善堂、轩辕宫、张巷、石桥等站。自驾车至东山杨湾线路，一是沪宁高速、苏嘉杭高速、苏沪高速互通接入苏州绕城高速至东山道口下，上环太湖大道、东山大道可到达；二是中环快速路接吴中大道与东山大道衔接可直达杨湾。

自然村落

杨湾有 12 个自然村，大多形成于南宋时期。村落格局有“扶山”“扼水”两种，杨湾、大浜、上湾、张巷、石桥，分布在从庙山至铁拐峰一线的山坞中，背靠山体而筑，称山坞型村落；湖沙、澄湾、屯湾、黄家堑（又称王家站）、寺前、湾里、西巷，分布在湖沙山至长圻山一带的沿湖山口，依山筑屋，临湖而居，称船坞型村落。

杨湾　古名下杨湾，位于东山镇西部黄家山（俗称庙山）与旺沙山之间，东接大浜村，西连湖沙村，南临杨湾港，北靠上湾村，是杨湾集镇与原杨湾行政村所在地。2016 年年末，辖原杨湾村第一、二 2 个村民小组，144 户，357 人，250 个劳动力，主业有花果种植，兼以水产养殖。村民以陆、殷、顾、席等姓为主。村内有古码头、圈门、浜

杨湾村牌楼（2016 年）

场、古街、古巷、古井等十多处古迹。明清时村人出湖经商者为多，在“钻天洞庭”商人集团中占一定比例，富甲一方。保存有怀荫堂、崇本堂、熙庆堂、务本堂、古店铺、周宅、严宅等明清建筑 20 多处，其中怀荫堂属全国重点文物保护单位，崇本堂属苏州市吴中区控制保护建筑。

大浜　又名周家浜，位于杨湾村东端，蒉家山西山坡，东接槎湾村，西连杨湾村，南临大浜港，北靠蒉家山西坡。2016 年年末，辖原杨湾村第三、四 2 个村民小组，112 户，422 人，295 个劳动力，主业为花果种植，兼产养殖。村民以周、徐姓为主，占总人口

大浜船坞（2016 年）

的 80% 以上。村内保存有仁俭堂、宏远堂、康德堂、怡德堂、景云堂等明清厅堂，竹园坊、豆腐坊、卤菜店、中药铺、客栈等 20 多家百年老店，以及明清古巷、古井、古木等历史遗存。

上湾　古名上杨湾，位于杨湾村北面的山坞中，南接杨湾村，北连张巷村，东临蒉家山，西靠旺沙山。2016 年年末，辖原上湾第七、八、九 3 个村民小组，116 户，355 人，249 个劳动力，主业为花果种植。村民以居、朱、姚姓为主。村内有轩辕宫正殿、明善堂 2 处全国重点文物保护单位和晋锡堂、安庆堂、崇仪堂、敦爱堂、葆锡堂等十多处明清古民居，以及清代学堂、救火水龙间、古更楼、古店铺、刘公堂等古建筑，12 条古巷，2 株树龄 500 多年的古银杏树。

上湾古道（2014年）

张巷 又名张巷里，位于轩辕宫北端，南接上湾村，北连石桥村，东临太湖（现环山公路），西靠张巷岭。2016 年年末，辖原上湾村第三、四、五、六 4 个村民小组，146 户，483 人，338 个劳动力，以花果种植为主。张姓、朱姓村民占总人口的 70% 左右。保存有久达堂、保和堂、九如堂、纯德堂、集庆堂东西楼等明清建筑，有青桥头、张巷里、刘公场、元宝石、高井巷、牛屎弄、破河桥、广利桥等历史遗存，北端还保存有民国初年东山旅沪同乡会开设的登善医院。其中纯德堂属苏州市吴中区文物保护单位，久达堂属苏州市吴中区控制保护建筑。2010 年 4 月 9 日，苏州东山（杨湾）精密制造股份有限公司首次发行的 A 股上市，为吴中区第一家上市的民营企业。

石桥 因村中有南宋震泽底定桥而得名。位于碧螺峰下，鸡笼山西，东靠灵源寺，西临太湖（现环山公路），南接张巷村，北连朱巷村。2016 年年末，辖原上湾村第一、二、十 3 个村民小组，137 户，427 人，299 个劳动力，主要经营茶果。村民以叶、朱、王姓为主。名胜古迹与人文景观达 20 多处，有南朝时期梁朝的灵源寺遗址，1400 多年树龄的罗汉松，灵源泉，南宋震泽底定桥和明代碧螺峰摩崖，1929 年修建的民国中区小菜场门楼，仁启堂、承志堂、碧山堂、景德堂等明清建筑。

石桥涧畔（2015 年）

日出（2015年）

湖沙 古称胡沙，位于小云台下。东连杨湾，西接澄湾，南临渡水港，北靠陈家岭。2016年年末，辖原屯湾村第一、二、三3个村民小组，114户，360人，252个劳动力，以种植花果为主，兼以水产养殖。村中主要有叶、黎、徐、杨4姓。村内有经余堂、济怀堂、顺养堂等明清旧宅，以及小云台、井弄巷、杨家潭路、东屈河头、蚂蚁潭、湖沙浜等遗迹。湖沙华侨公墓安葬有原外交部部长乔冠华、著名物理学家李政道夫人秦惠箬、著名作家陆文夫等十多位名人。

澄湾 亦名陈湾，位于杨湾西端的蔡家山下。东连湖沙，西接屯湾，南临渡水港，北靠小云台。2016年年末，48户，154人，108个劳动力，主要种植花果，兼水产养殖。村民以叶、黄、邵姓为主。村内有昼锦堂、老虎山、蔡家山、杨家园、西头岭等古迹，以及石芦场、东浜嘴、皇冠潭、牛角尖、监毛场、大墙门头、老虎园、园门里、濠头等古地。

屯湾 又名莼湾，位于格思山和饭石峰下的滨湖处，村前湖滩辽阔，是太湖莼菜的主要产地。该村以采摘莼菜得名，因“莼”与“屯”音近，遂称屯湾。一说春秋吴越时

屯湾村（2016 年）

因吴国屯兵于此而得名。西连黄家堑，东接澄湾，南临渡水港、环山公路，北靠老虎山。2016 年，辖原屯湾村第五、六、七、八 4 个村民小组，136 户，460 人，322 个劳动力，以花果种植为主，兼以水产养殖。村民马、谢、宋、倪、张、诸姓居多。村内有庙前山、朱家坟、马家浜、柴港巷、银杏路、沙朴里等古港、古道、古弄及 8 株树龄 500 年以上的古银杏树。

黄家堑 位于蜈蚣岭下。东连屯湾村，西接白浮门，南临渡水港、环山公路，北靠雄磺矶。2016 年年末，54 户，180 人，126 个劳动力，以花果种植为主，兼以水产养殖。村民以黄、金、施姓为主。村内古迹有蜈蚣岭、雄磺矶、白浮门、翁家山、大树楼、桃宁里、角界山等。

寺前 又称石前，因村东岭上有明代大学士王鏊所书“览胜石”摩崖石刻而得名。村北岭有南朝时期梁朝古庙能仁寺遗址，亦名寺前。东临览胜石，西至西巷村，南临太湖（长圻环山公路），北接湾里村。2016 年年末，48 户，174 人，122 个劳动力，以花果种植为主，兼以水产养殖。村民以金、徐、姜姓为主。主要古迹有香花桥、泗州池、览胜石及神秘的古代地道，以及大树楼、角界山、小门头山、王界池、长潭等。2014 年能仁寺恢复古道、古桥、古亭，开辟长圻自行车公园。

湾里 位于太湖湾而得名。东连寺前村，西接西巷村，南临太湖（长圻环山公路），北靠东岭山。2016 年年末，32 户，114 人，80 个劳动力，以花果种植为主，兼以水产养殖。村民以张、王姓为主。地处长圻中部，风光秀丽。村中有李湾、南堡、毛园、下潭、甜瓜井、下沿井等南宋古村落遗址。

西巷 俗称青蛙村。位于杨湾西南山区岭下杨梅园内，南临太湖（长圻环山公路），北靠骑龙殿，东连湾里村，西至张公山。2016 年，53 户，187 人，131 个劳动力，主业花果种植，兼以水产养殖。村民以许、李、姜、周姓为主。村内有明代燕诒堂、马家古井、沈家潭、顾氏井及多株百年古银杏树等，村后有骑龙殿、神龙潭、千年古柏等景

寺前村口（2016 年）

观。2016 年，依托村内良好的自然环境，建成民宿西巷“栖居”及“咖啡馆”“茶楼”等旅游休闲设施。

◉ 湖山概貌

东山原为湖中岛屿，历史上亦称包山（四面围水），1956 年木东公路通车后成为半岛。地质构造属于扬子准地台——钱塘褶皱湖苏裂带。其山脉呈东北—西南走向，东北高、西南低，长约 10 千米，宽约 3 千米。主峰莫厘峰俗称大尖顶，海拔 293.5 米。

地貌 杨湾在东山西南面，其山脉与主峰莫厘峰相连。莫厘峰分出三支山脉，其中一支山脉自东而西冈峦起伏，经丰圻、小长湾、尚锦、白沙、纪革、吴湾诸岭，又向南

西巷村（2016 年）

延伸，经南叶、北叶、碧螺峰、杨湾、毛园、王舍、湖沙、长圻至江浙两省交界处。杨湾境内山坞较多，利于碧螺春、枇杷、杨梅、柑橘等茶果生长。山下多为滨湖滩地及鱼塘等。杨湾总面积 11.86 平方千米，其中陆地面积 7.8 平方千米，占总面积的 65.7%，水域面积（含所辖太湖水面）4.06 平方千米，占总面积的 34.3%。山体主要由五通系硬质的石英砂岩及紫云母砂岩构成，土壤属棕色土壤区。

河港 杨湾港，位于浜场南，长 2000 米，原为天然山溪，南宋时北方移民定居后，进行拓宽延伸至太湖，为后山一处水运码头。周家河，又名大浜，在大浜村南，形成于南宋，长 1300 米。石桥港，在石桥村北，通太湖，长 150 米，形成于南宋时期，原为天然山溪，后被拓宽利用。久达港，在张巷村西，直通太湖，长 150 米，原为村后碧螺峰一天然涧溪，南宋迁居的移民将其拓宽利用。屯湾港，在屯湾村南，直通太湖，长 380 米，春秋吴越时就被利用，为吴国运送士兵、武器，并可用来防御外敌进攻。澄湾港，在澄湾村南，直通太湖，长 380 米，为村人出入太湖的水道。此外，杨湾村境内还有湖沙港、马家港、金家港、西巷港、牌楼港等 11 条港道通向太湖。

气象

杨湾地处长江下游南岸的太湖之中，属北温带海洋性气候，邻近海洋，四季分明，雨量充沛，光照较多，气候条件比较优越。

日照 年平均日照时数为2177.7小时，日照百分率达49%，季节分配，以夏季最高，春秋次之，冬季最低，日照最强的 8 月，日照时数可达月均值的 1.6 倍以上，最弱的 2 月，则尚不足月均值的 1/2。

降水 年平均降水量 1139 毫米，年最大降水量 1699.7 毫米（1999 年），汛期（6—9 月）年平均降水量 565.7 毫米，最大为 1118 毫米（1962 年），最小为 205.7 毫米（1967 年），日最大降水量 291.8 毫米（1960 年）。全年平均降水天日数为 133.9 天，最多 154 天（1977 年），最少 104 天（1971 年）。全年有 3 个比较明显的雨季，即 4 月、5 月的春雨，6 月、7 月的梅雨和 9 月的秋雨。

梅雨期 每年 6—7 月江南梅子成熟季节，常有一段阴雨天气，称为“梅雨”。东山平均入梅日为 6 月 24 日，平均出梅日为 7 月 10 日，平均梅雨时间 20 天，平均梅雨量 218.1 毫米，最多为 746.6 毫米（1999 年），最少仅 14.3 毫米（2005 年）。

物候

茶叶 3 月中旬叶芽萌动，4 月初开始采摘碧螺春，4 月底至 5 月初采摘夏茶（炒青）。

11 月开花，金黄色，结茶籽，次年春末摘籽播种。

梅子 3 月中旬终花，4 月上中旬春梢生长。5 月下旬采收嫩梅与青梅，宜制作梅浆。6 月上中旬果实成熟，色黄，恰逢梅雨季节，故称黄梅天。10—11 月落叶。

桃子 3 月中旬萌芽，4 月初开花，花期一周。果实成熟最早 5 月下旬，最迟 8 月下旬，分夏桃与秋桃。抽二次梢、三次梢，到 8 月底停止生长。

杏子 3 月中旬萌芽，4 月初开花，花期 7 天。果实成熟在 6 月上旬。

李子 3 月上中旬萌芽，3 月底开花。4 月上旬终花。春梢到 7 月底停止生长。7 月上旬果实成熟。

柑橘 3 月中下旬至 4 月春梢生长；5 月上旬初花，中旬终花；6 月夏梢生长；8—10 月秋梢生长；10 月中旬至 11 月成熟采摘。

枣子 3 月中下旬萌芽，5 月中下旬开花，8 月上中旬果实成熟，10 月中下旬落叶。

枇杷 秋萌、冬花、春实、夏果，含四时之气。9 月中下旬花芽萌动；10 月上中旬为初花期，终花期在来年 1 月下旬至 2 月上旬；3 月上中旬春梢生长，5—6 月夏梢生长。5 月下旬至 6 月上旬果实成熟，9 月下旬至 10 月上旬秋梢生长。

杨梅 4 月上旬初花，下旬为终花期及春梢生长期；6 月下旬至 7 月上旬果实成熟。

银杏 4 月上旬花芽萌动，4 月中旬叶萌发，4 月中下旬开花（花期仅 2 ~ 3 天），4—7 月枝梢生长，9 月中下旬果实成熟，10—11 月为落叶期。

石榴 3 月上旬萌芽，4 月下旬至 5 月上旬开花，花期长，一般为 20 天，9 月底 10 月初果实成熟，11 月落叶。

柿子 3 月下旬萌芽，5 月中下旬开花，6—7 月夏梢生长，7—8 月秋梢生长，9 月下旬果实成熟，10 月下旬落叶。

板栗 3 月中下旬萌芽，5 月初开花，花期 20 天左右，5 月下旬至 6 月初枝梢停止生长，9 月中下旬果实成熟，11 月落叶。

葡萄 3 月下旬萌芽，4 月下旬开花，花期 10 天左右，7 月下旬至 8 月初果实成熟，11 月落叶。

油菜 9 月下旬播种，10 月下旬移栽，翌年 3 月初现蕾，4 月初开花，下旬终花，5 月底成熟收籽。

麦 10 月下旬至 11 月中旬播种，翌年 3 月上旬拔节，4 月中旬抽穗，5 月底至 6 月初成熟。

桂花 2 月底叶芽开始膨大，3 月上中旬叶芽萌发，3 月 20 日左右花芽膨大开放，4 月上旬展叶，9 月中旬至 10 月上旬为开花期。

野菊花 2 月中下旬展叶，9 月下旬现花蕾，10 月下旬开花，采后晒干可入药。

动植物

獐 俗称黄羊，食草，小型鹿科动物。无角，体毛多棕黄色，浓密粗长，四肢细小发达，前腿短、后腿长，善向上奔跑。杨湾境内山岭皆有分布，属国家二级保护动物。

獾 俗称猪獾，哺乳动物。毛灰色，下腹部为黑色，遇险逃跑时毛竖起如剑。昼伏夜出，以蚯蚓、甲虫及小型哺乳类动物为食。杨湾山中有分布。

黄鼠狼 即黄鼬，周身棕黄或橙黄。主要以食老鼠为生，亦偷食家鸡。境内山村分布较多。

野兔 以食山草为生，杨湾诸山皆有分布，繁殖快，对农作物有一定危害。

蛇 村境内山中湖畔分布有五六种蛇类，其中灰里扁（蝮蛇）属剧毒蛇，夏季在农田、草丛中时有发现。

鳜鱼 性凶猛，喜食小鱼虾，属太湖名贵鱼类。肉质鲜嫩，营养丰富，清炖、红烧皆宜。“清蒸鳜鱼”“松鼠鳜鱼”为农家席上佳肴。

黑鱼 亦称乌鳢，因额有七星，俗称七星鱼。形长体圆，头尾相等，细鳞，青褐色。生活在太湖及港河水底，性凶猛，喜食小鱼虾。肉厚实，少骨刺，营养价值高，为滋补强身之珍品。

塘里鱼 又称荡鲋鱼。性呆滞，故有“呆荡鲋”之称。大头，阔口，圆鳍，圆尾，细鳞，体暗黄褐色带黑斑纹，以小鱼虾、泥苔为食。一般春暖花开捕捉，以菜花荡鲋最肥美，有清蒸、红烧、炖蛋及雪笋塘里汤等各种做法。

甲鱼 又称鳖、团鱼，生长于湖港及沼泽中。性凶猛，夏食虫类，冬食泥苔，生命力极强，捕后尚可存活数日。肉质鲜嫩，富含优质蛋白质和维生素。清蒸、红烧皆宜。甲鱼“裙边”肥腴不腻，最为适口。

青鱼 我国淡水养殖的“四大家鱼”之一。以螺、蚬、贝类为主要饵料，属底层鱼类。色青，其鱼胆有毒。太湖水域均有分布，鱼池亦可养殖。个体大，喜群居，大者可达 4 千克，小者 1 ~ 2 千克，冬季捕捞。太湖水域广阔，饵料丰富，所产青鱼肉紧、膘肥，味鲜。

湖虾 有白虾、青虾、糠虾三种。白虾，又称“水晶虾”，通体透明，壳薄肉嫩，有“太湖白虾甲天下”之誉，与白鱼、银鱼称“太湖三白”。青虾通体青褐色，生命力较强，捕后可水养。有油爆虾、炝虾、虾圆、碧螺炒虾仁等佳肴。糠虾体小，宜糊面后油炸成虾饼，美味可口。

草鱼 亦称鲩鱼。典型的食草性鱼类。除太湖野生外，为杨湾内塘养殖的主要鱼类。一般每尾能长到 2 ~ 3 千克，大者 4 千克以上，营养价值与青鱼相似。

鳙鱼 习惯上别称花鲢，头硕大肥美，素有“青鱼尾巴鲢鱼头”之美誉。为太湖主要经济鱼类，亦是杨湾鱼池养殖的主要品种。具有生长快、周期短的特点。

鲤鱼 肉质细嫩，酷暑不落膘。有“夏鲤寒鲫”之说。生长在太湖沿岸湖湾、沼泽水草茂密处。繁殖力强，生长快，四季均有上市，冬季为旺季。

鲫鱼 肉质鲜美，营养丰富。寒冬鲫鱼最佳。有“鲫鱼头里三分参”之说。太湖水域中分布极广，亦是内塘养殖的优良品种。鲫鱼一般两年性腺成熟，大的可达 1 千克。

白浮菱 产于杨湾白浮门太湖水域，已有 200 多年历史。色泽有青、红、白三种，而品种有两角菱（又名腰菱）、四角菱、圆角菱、沙角菱、红菱、小白菱等，一般每年中秋节前后开始采摘。

茭 又名“菰”“菰笋”“菰米”，去叶后茎洁白，称茭白。杨湾在清初就种茭，清乾隆《太湖备考》载：“茭出东山南湖，自茭田以西，至长圻，弥望皆是。”

芡 又名芡实，俗称野鸡头，杨湾湖滨的传统水生植物。芡株有刺，叶圆盾形，浮于水面，夏季开花，淡紫色，浆果海绵质，顶端有宿存的萼片，叶面密生锐刺。

蕈 即野菌，亦称野蘑菇，春夏季节盛产于东山及杨湾山坞中。品种极多，有汗露蕈、石灰蕈、雷公蕈、胭脂蕈、茧子蕈等十多种。

金樱子 俗名野石榴，藤本野生花木，杨湾荒山野谷间均有生长。春初藤上长出小枝，开白花，其香异常。秋天结果子如小石榴，名金樱子，入药补血益精愈痢。

石楠 俗称老桑年，杨湾山坞多有分布。3 月枝开白花，有红、白、绿三色。其叶苞可蒸粉食品不黏如箬叶。枝杆质地坚硬而光滑，山农取之常制作榔头柄等工具。

胡秃子 俗称哺李子，常绿乔木，花期 9—12 月，果期次年 4—6 月，果实如樱桃，可入药，鸟类极喜食。杨湾山中生长极多。

六月雪 藤本野生花木，杨湾荒山野谷间均有生长。春初藤上长出小枝，夏开小白花，可做饮料及入药。

山莓 又称野草莓，小型枝条长刺，果实红色，酸甜可口，营养丰富。5 月中旬与枇杷同时成熟，山坞中生长较多。

农谚云：三春茶叶四月梅，红枣蜜桃喜相连。初夏端阳枇杷熟，夏至杨梅满山甜。五月李子挂满树，花红采摘七月间。石榴大，葡萄鲜，银杏板栗赶秋天。雪柿红时蟹橙黄，洞庭橘红霜降边。

◉ 人口 姓氏

东周末年，杨湾为吴国军事要塞，有军队驻扎。宋高宗南迁，渡经太湖，有 20 多个中原世族迁居杨湾，元明时期即有一定规模的人口，形成石桥、坊里、张巷、杨湾、澄湾、屯湾、白浮头、湖沙、毛园、下堡、李湾、长圻等自然村落，后经数百年演变组合，现为 12 个自然村，3673 人。

人口总量 清康熙二十八年（1689），震泽乡（含杨湾）2652 户，14015 人。1943 年，杨湾乡户籍 12 保，1354 户，4176 人。新中国成立后，随着经济和社会发展、人民生活水平的提高和医疗卫生事业的发展，人口增长较快。20 世纪 70 年代推行计划生育，杨湾村人口平缓增长。1985 年，杨湾村（包括上湾村、屯湾村）922 户，3496 人。1995 年 1080 户，3689 人。10 年中增加 158 户，193 人。2005 年，杨湾村（2003 年上湾村、屯湾村合并至杨湾村）1126 户，3571 人。2016 年，1140 户，3673 人。从 1995—2016 年，20 年中人口增减基本持平。

年龄结构 1964 年第二次全国人口普查，杨湾村（包括上湾村、屯湾村）总人口 2855 人，80 周岁以上老人 32 人，其中女性 23 人，男性 9 人。1990 年第四次全国人口普查，杨湾村总人口 3675 人，80 周岁以上老人 54 人，其中女性 34 人，男性 20 人。2010 年第六次全国人口普查，杨湾村总人口 3604 人，80 周岁以上老人 79 人，其中男性 28 人，女性 51 人。2016 年，杨湾村 80 ~ 89 岁老人 86 人，其中女性 50 人，男性 36 人。90 岁以上老人 14 人，其中女性 13 人，男性 1 人。

随着生活条件普遍提高，杨湾村老年人数逐年增多。女性寿命普遍高于男性。

附：2016 年杨湾村 80 周岁以上老人名录

2016 年杨湾村 80 ~ 89 岁老人基本情况一览表

表 1

姓名	性别	出生年月	地址	姓名	性别	出生年月	地址
金雪林	男	1926 年 2 月	上湾 2 组	叶金生	男	1930 年 6 月	上湾 5 组
张仲英	女	1926 年 3 月	屯湾 4 组	席阿兴	女	1930 年 6 月	上湾 3 组
徐洪兴	男	1926 年 5 月	杨湾 4 组	殷云宝	女	1930 年 6 月	上湾 5 组
朱惠珍	女	1926 年 6 月	上湾 10 组	彭星奎	男	1930 年 7 月	杨湾 1 组
陶福宝	女	1926 年 10 月	屯湾 5 组	黄惠娥	女	1930 年 7 月	杨湾 1 组
孙月华	女	1926 年 11 月	上湾 7 组	金根泉	男	1930 年 8 月	上湾 5 组
周补云	女	1927 年 11 月	屯湾 5 组	金永根	男	1930 年 9 月	屯湾 9 组
闻佐清	男	1927 年 12 月	上湾 7 组	顾补兴	男	1930 年 10 月	上湾 4 组
费培珍	女	1928 年 2 月	杨湾 4 组	贾文娟	女	1930 年 12 月	上湾 9 组
孙延林	男	1928 年 4 月	上湾 8 组	许福宝	女	1931 年 9 月	屯湾 12 组
潘丹凤	女	1928 年 11 月	屯湾 4 组	张长林	男	1931 年 10 月	上湾 5 组
徐福宝	女	1928 年 12 月	屯湾 10 组	徐庚生	男	1931 年 10 月	上湾 9 组
滕中军	男	1929 年 3 月	上湾 6 组	沙金华	男	1931 年 10 月	杨湾 2 组
王秀英	女	1929 年 4 月	上湾 7 组	沈玉珍	女	1931 年 10 月	屯湾 5 组
成仙宝	男	1929 年 7 月	上湾 6 组	朱根仙	女	1931 年 10 月	上湾 10 组
金丽英	女	1929 年 8 月	屯湾 10 组	叶才林	男	1931 年 11 月	屯湾 12 组
朱丽娟	女	1929 年 11 月	杨湾 4 组	顾仁海	男	1931 年 11 月	杨湾 2 组
胡定娥	女	1929 年 12 月	杨湾 2 组	叶祥成	男	1931 年 11 月	屯湾 8 组
许根生	男	1929 年 12 月	屯湾 10 组	姜才珍	女	1931 年 12 月	屯湾 5 组
朱庆生	男	1929 年 12 月	上湾 7 组	赵凤玲	女	1931 年 12 月	屯湾 6 组
王全宝	女	1930 年 2 月	上湾 4 组	徐小云	女	1932 年 3 月	屯湾 12 组
顾寿生	男	1930 年 2 月	屯湾 4 组	金利娟	女	1932 年 4 月	屯湾 8 组
谢子林	男	1930 年 3 月	屯湾 5 组	马巧云	女	1932 年 5 月	杨湾 2 组
胡金仙	女	1930 年 6 月	屯湾 2 组	徐进宝	女	1932 年 5 月	杨湾 3 组
张福珍	女	1930 年 6 月	屯湾 7 组	周凤仙	女	1932 年 6 月	杨湾 1 组
姜洪奎	男	1932 年 6 月	屯湾 7 组	黄运娣	女	1933 年 10 月	杨湾 1 组
秦洪传	男	1932 年 7 月	杨湾 2 组	叶进文	男	1933 年 12 月	上湾 5 组
周巧珍	女	1932 年 7 月	杨湾 1 组	黄兰英	女	1933 年 12 月	屯湾 4 组
黄凤宝	女	1932 年 8 月	屯湾 4 组	李进邦	男	1934 年 2 月	屯湾 1 组
陆云娣	女	1932 年 10 月	屯湾 12 组	陆夫林	男	1934 年 2 月	杨湾 1 组
倪仁全	男	1932 年 10 月	屯湾 6 组	沈仁云	女	1934 年 2 月	屯湾 8 组
叶云根	男	1932 年 11 月	屯湾 16 组	金志根	男	1934 年 2 月	杨湾 1 组
吴法妹	女	1932 年 11 月	杨湾 1 组	许阿补	男	1934 年 5 月	屯湾 12 组

续表 1

姓名	性别	出生年月	地址	姓名	性别	出生年月	地址
张福全	男	1932 年 12 月	屯湾 7 组	何卫娟	女	1934 年 8 月	屯湾 1 组
盛顺生	男	1932 年 12 月	上湾 3 组	金洪男	男	1934 年 9 月	屯湾 10 组
仓刘女	女	1933 年 4 月	杨湾 2 组	柴红宝	女	1934 年 9 月	屯湾 4 组
王爱金	女	1933 年 5 月	屯湾 2 组	叶仁宝	女	1934 年 10 月	上湾 1 组
张福宝	女	1933 年 5 月	屯湾 2 组	许阿兴	女	1935 年 10 月	杨湾 2 组
杨文秀	女	1933 年 7 月	屯湾 2 组	吴运仙	女	1934 年 11 月	屯湾 8 组
周秀英	女	1933 年 7 月	杨湾 3 组	吴田宝	女	1934 年 11 月	屯湾 9 组
金才珍	女	1933 年 7 月	屯湾 11 组	叶元宝	女	1934 年 11 月	屯湾 9 组
周振宇	男	1933 年 7 月	屯湾 2 组	张祖德	男	1934 年 12 月	上湾 2 组
宣根大	男	1933 年 7 月	杨湾 3 组	程阿菊	女	1934 年 12 月	屯湾 5 组

2016 年杨湾村 90 岁以上老人基本情况一览表

表 2

姓名	性别	出生年月	地址	姓名	性别	出生年月	地址
许惠英	女	1918 年 5 月	上湾 4 组	钟夫宝	女	1922 年 12 月	屯湾 12 组
孙红梅	女	1920 年 5 月	杨湾 1 组	顾秋娣	女	1924 年 10 月	上湾 7 组
金三宝	女	1920 年 9 月	屯湾 9 组	韩桂宝	女	1924 年 12 月	屯湾 4 组
居杏仙	女	1922 年 5 月	上湾 8 组	周秀宝	女	1924 年 12 月	上湾 4 组
戴云宝	女	1922 年 5 月	杨湾 1 组	宗巾宝	男	1924 年 12 月	杨湾 4 组
周惠林	女	1922 年 6 月	杨湾 3 组	叶丽娟	女	1925 年 9 月	杨湾 1 组
杨福娣	女	1922 年 6 月	杨湾 4 组	蒋福英	女	1925 年 10 月	杨湾 1 组

文化结构 2016 年，学龄前儿童 242 人，占杨湾村总人口（3673 人）6.6%；小学文化程度 1245 人，占 33.9%；初中文化程度 1108 人，占 30.2%；高中文化程度 391 人，占 10.6%；中专文化程度 254 人，占 6.9%；大专文化 171 人，占 4.7%；大学文化 113 人，占 3.1%。研究生 10 人，博士生 1 人，占 0.3%。半文盲、文盲 138 人，占 3.8%。

民族构成 杨湾村人口绝大多数是汉族，少数民族 4 个，这些少数民族人口大多是近几年因婚嫁而迁入杨湾村的，其中苗族有 2 人，彝族 1 人，壮族 1 人，白族 3 人。

姓氏 据 2016 年杨湾村常住户籍姓氏统计，全村共有姓氏 141 个。其中，100 人以上姓氏 11 个：张、叶、徐、朱、王、周、金、顾、黄、许、李。

2016年杨湾村人口姓氏统计表

表3　　　　单位：人

姓氏	人数	姓氏	人数	姓氏	人数	姓氏	人数	姓氏	人数
张	373	闻	27	沙	10	茹	3	芦	1
叶	316	邵	26	滕	10	陶	3	鲁	1
徐	238	马	25	曹	8	俞	3	梅	1
朱	233	席	25	柳	8	曾	3	蒙	1
王	175	黎	24	宣	8	龚	3	孟	1
金	157	汤	23	柴	7	戴	2	牟	1
周	156	葛	22	高	7	凡	2	蒲	1
顾	108	严	21	贾	7	洪	2	权	1
黄	108	何	18	林	7	江	2	饶	1
许	104	石	18	彭	7	芮	2	时	1
李	102	邢	18	钱	7	魏	2	史	1
沈	94	程	16	盛	7	奚	2	侍	1
姜	60	冯	16	汪	7	郑	2	苏	1
殷	60	袁	16	雷	7	庄	2	谭	1
胡	58	赵	16	钟	7	白	1	童	1
诸	56	潘	15	蒋	6	卜	1	万	1
陆	54	成	14	宗	6	常	1	卫	1
宋	53	贺	13	凤	5	单	1	夏	1
吴	51	罗	13	唐	5	付	1	熊	1
陈	47	翁	13	肖	5	郭	1	薛	1
韩	46	谢	13	尹	5	过	1	于	1
居	46	仓	12	任	4	侯	1	余	1
姚	43	秦	12	邹	4	华	1	詹	1
施	41	穆	12	查	3	宦	1	章	1
孙	41	武	11	董	3	计	1	仲	1
杨	39	蔡	10	杜	3	季	1		
刘	33	丁	10	贡	3	孔	1		
倪	30	范	10	梁	3	凌	1		
费	27	邱	10	钮	3	卢	1		

◉ 经济概况

杨湾村是一个以山林山坡为主，主业种植茶果，兼营内塘养殖业，多种经营的地区。20 世纪 80 年代前，主要收入靠茶叶与果品。1997 年创办杨湾上湾钣金厂，村办工业开始起步。2010 年旅游业开始起步，第三产业比重逐年提高。2016 年，全村一、二、三产业比重为 3∶5∶2，村级生产总值 15 亿元，完成固定资产投资 1000 万元，服务业营业额比 2010 年增加 2231 万元，村级经济收入 411 万元。完成农村股份合作社股权固化工作，成立农村社区股份合作社 1 家，量化经营性资产 632 万元，吸纳社员 3867 人，配置股权 3470.5 股。

茶叶　主要有碧螺春、炒青。2003 年产 1000 千克，收入 240 万元；2005 年产 14800 千克，收入 888 万元；2010 年产 14800 千克，收入 1192 万元；2016 年产 37500 千克，收入 3750 万元，茶叶收入比 2003 年增长 14.6 倍。

花果　主要有柑橘、枇杷、杨梅、蜜橘等。品种从 1995 年的 60 多种，发展到 2016 年的 200 多种。2003 年产量 1618200 千克（每千克 1 元），收入 161.82 万元；2005 年 1583550 千克（调整品种及改良果树品种，每千克 10 元），收入 1583.55 万元；2010 年 1082550 千克（每千克 20 元），收入 2165.1 万元；2016 年 698050 千克（每千克 30 元），收入 2094.15 万元，花果收入比 2003 年增长 11.9 倍。

村办工业　20 世纪 80 年代初起步，2000 年后发展迅速，形成钣金、金属制品、电控设备、五金机械、印刷包装等行业。杨湾上湾钣金厂建办于 1997 年，后更名为东山精密制造股份有限公司，于 2010 年在深圳上市，成为苏州市吴中区民营企业第一家上

鱼塘（2015 年）

茶园（2016 年）

果山（2015 年）

杨湾上湾钣金厂（苏州东山精密股份制造有限公司）（2016 年）

市公司。2003 年四项经济（产值、销售、税收、利润）864 万元，其中利润 364 万元；2005 年四项经济 2537 万元，其中利润 1444 万元；2010 年各类营业收入 5.3889 亿元，比 2003 增 61.37 倍。2016 年，全村一、二、三产业比重为 3 ∶ 5 ∶ 2，村级生产总值 15 亿元。

村畔荷塘（2015 年）

◉ 村民生活

中共十一届三中全会后，农村实行家庭联产承包责任制，人民群众生产积极性高涨，人均收入增长较快。2000年起，随着党的富民政策在农村贯彻落实，杨湾村一、二、三产业全面发展，村民经济收入显著增长，2016年人均收入38089元，是2000年的6.3倍、2005年的4.48倍、2010年的1.87倍。

家庭联产承包责任制实行前的1982年，杨湾村所辖杨湾、上湾、屯湾三个村，年人均收入266.5元，1983年实行家庭联产承包责任制的当年，年人均收入549元，比上年增长1.06倍。1988年，年人均收入1151元；1996年，年人均收入4091元；

小康之家（2015 年）

福临门（2015 年）

2006 年杨湾村（2003 年杨湾、上湾、屯湾三村合并）年人均收入 8030 元；2010 年，年人均收入 13258 元，比 2005 年增加 65%；2016 年，年人均收入达 38089 元，比 2010 年增加 1.87 倍。

衣食住行 村民衣食住行水平不断提高，日常生活消费每年人均达 4500 元，是

上学（2015 年）

洗衣（2015 年）

两个孩子（2015 年）

1982 年的 24.5 倍。居住环境得到改善，从 20 世纪 80 年代起，村民平房开始翻建楼房，1988 年，65% 的村民翻建楼房，2000 年，全村基本上都翻建并住进了新楼房。2016 年，全村 1140 户村民，楼房翻别墅的村民占总数的 50% 以上，有 181 户村民至镇区与城里购商品房定居或小住，约占总户数的 16%。除日常生活必需品与住宅，耐用消费品包括

晚年时光（2015 年）

西巷民乐队（2014 年）

村卫生院（2016 年）

测量血压（2016 年）

电视机、洗衣机、电冰箱、电脑（宽带上网）等普及率全村达 100%。从 2000 年起，小轿车悄然兴起，2016 年杨湾村有汽车 726 辆，平均每 5 人 1 辆车；外出旅游也在普及，村内每年外出旅游的村民（包括 60 周岁以上，村里出资组织外出旅游）1120 多人，约占 30%。

文体娱乐 杨湾社区服务中心位于张巷村南环山公路旁，轩辕宫下。建筑面积 800 平方米，内建有计生站、图书室、老年活动室、青少年文体中心、党员活动中心、商贸服务中心等，其中图书室面积 60 平方米，藏书 1000 册。西巷、上湾老年活动中心，分别位于西巷村和上湾村环山公路西侧，建筑面积 255 平方米，建有老年活动室、青少年文体中心及康复中心等，其中西巷老年活动中心建有图书室，备阅书报 500 多种。杨湾、湖沙、西巷体育健身场分别在杨湾、湖沙、西巷自然村内，总面积 400 平方米，三处健身场地都配置有室外健身路径、健身器材一套（10 件），内有双杠、跑步机、篮球架等。

社会保障 2003 年 10 月 1 日，杨湾村男满 60 周岁、女满 55 周岁的 863 名老年村民均享受基本养老金，标准为每人每月 120 元。2007 年 1 月始，农村基本养老金增加到每人每月 130 元，2009 年增加到 140 元，2010 年增加到 180 元。2016 年已增加到人均 480 元，90 周岁以上老人每月另增 100 元。从 2010 年起，杨湾村共有 829 人参加了居民养老保险，其中 769 人转城镇居民养老保险（简称“城保”）。全村共有 1357 人参加医疗保险。2016 年，参加居民养老保险 333 人，其中 60 人转部分失地人员置换保险。从 2013 年起，村里每年出资组织男 60 周岁、女 55 周岁以上的老年人到镇医院免费进行体检。

古村风貌

杨湾历史悠久，“扶山而坐、扼水而居”的整体格局保留完整，近百处明清建筑集中体现香山帮建筑特色，是太湖洞庭两山一带湖岛型历史文化名村的代表。扶山，即坐落在山坞之中，村落地处山脉中间，扶山而坐，有杨湾、大浜、上湾、张巷、石桥5个自然村；扼水，即建村于湖畔隘口，扼水而居，有湖沙、澄湾、屯湾、黄家堑、寺前、湾里、西巷7个自然村落。扶山扼水，古为东山西南要塞，有湖山“咽喉”之称。

◉ 古村格局

宋元后，杨湾古村格局基本未变，具体为两山、六水、一带。两山为自南至北的蒉家山与从东而西的湖沙山。六条港道为杨湾港、周家河、石桥港、张巷港、屯湾港、西巷港，或南或西流入太湖。一带，以村口的杨湾浜场为中心，朝西沿曲折湖岸线达长圻三村；往北沿蜿蜒山道衔接陆巷古村，形成一个巨大的 L 形，50 多幢古建筑分布在这一条带子上。新中国成立前，出行靠水路和翻山步行。新中国成立后环山公路筑成，杨湾有公交车来回对开，方便村民出行。

山村夕阳（2015 年）

杨湾村由山脉、果林、河港、沼泽及少量较为平缓的坡地组成，形成一条自然风光带，分布在杨湾、大浜、张巷、湖沙、西巷等 12 个自然村落。

两山　黄家山与湖沙山。黄家山海拔 130 米，南起大浜周家港，北与碧螺峰相接；

村畔湿地（2015 年）

湖沙山海拔 85 米，南起杨湾港，北至陈家岭。山坡上树木茂盛，植被丰富，村子坐落在两山之间，形如停泊的“船坞”，称船坞型村落。在两山南部太湖畔有一豁口，即杨湾港口码头，古为杨湾后山通往前山的交通隘口。

六水

境内有六条港道，既是杨湾古村与太湖相贯通的运物水系，又是古村主要的泄洪与原来的给水系统。

杨湾港 从杨湾浜场至太湖，全长 2000 米，宽 8 米，原为天然山溪，南宋时北方移民定居杨湾，拓宽延伸到太湖，并在两旁筑石堤，使之成为后山一处水码头。

杨湾港亭（2016 年）

周家河 又名大浜，南宋古码头，从杨湾东街大浜村至太湖，全长 1300 米，宽 8.5 米，东西两侧用山石筑砌石墙，形成一天然湖湾。南宋初年，周氏随南渡大军从汴梁（今河南开封）迁居杨湾后，始以农耕为生，利用贳家山天然涧溪拓宽河道，并出资在两边用山石砌筑石驳岸，使之成为一处避风而又便于出行的太湖港湾，即后来的周家河头。

周家河（2016 年）

石桥港 在石桥村北，从石桥直通太湖，长150米，宽8米。形成于南宋时期，原为天然山溪，后被拓宽利用。南宋绍定年间（1228—1233）朱安宗所筑震泽底定桥（石桥），就横跨在溪港上，故称石桥港。民国叶承庆《乡志类稿》载："石桥外湖轮船，里人开办，1932年，沪商席启荪创办裕丰商轮，每日一班，通木渎与苏州。"

张巷港 在张巷村西，从张巷里直通太湖，长150米。原为村后碧螺峰一天然涧溪。张氏为张巷村南宋迁居的移民，明清时以经商致富，在该港南北两岸筑有久达堂、久如堂、怡瞻堂等多幢明清大宅，当年张巷港就是为建造这些大宅运送木料、砖瓦等建筑材料拓宽开挖的。

屯湾港 在屯湾村南，从屯湾村口直通太湖，长380米，宽6.5米。民国叶承庆《乡志类稿》载："屯湾港计长五里，为后山通湖之港。"春秋吴越时屯湾为吴国屯兵之处，两千多年前就被人工利用，可运送士兵、武器及防御外敌进攻。现屯湾港为村民生产与生活资物进出的主要交通水道。

西巷港 在西巷村南，从村口直通太湖，长380米，宽6米。古时就为西巷村民生产与生活资物进出的主要交通水道，现仍发挥重要作用。

西巷港（2016年）

西巷港畔（2016年）

西巷桥（2016 年）

陆杨古道（2012 年）

一带

即以杨湾浜场为中心，北至陆巷村，西到长圻嘴码头，长达 5 千米多的一条传统风貌带。其中从杨湾浜场朝北至陆巷称北带，长 1.6 千米，为山地风貌，树木茂盛，溪涧纵横，杨湾、大浜、上湾、张巷、石桥村庄都筑于这船坞形山坞中；从杨湾浜场向西到长圻嘴称西带，长 3.5 千米，背山面湖，草木丰盛，西巷、湾里、寺前、黄家堑、屯湾、澄湾、湖沙村庄，成马蹄形聚落在山坞口。在北带上，分布有两个小镇：

遂祖堂门楼（2016 年）

杨湾小镇 坐落在杨湾古街上，南起古码头，北至崇本堂，东接大浜村，西至怀荫堂，面积 961 平方米。有东西走向与南北走向的两条十字形古街，两侧保存有石狮子墙门、姜家巷、永平巷、南洋里、金家巷、姚家巷等

杨湾小镇圈门（2012 年）

崇本堂沿街门楼（2015 年）

18 条明清古巷弄。这些街巷宽度大多在 2 ~ 4 米，最窄处仅 1 米左右，总体基本保持"十字古街，鱼骨巷弄"与小青砖侧铺成水纹形、人字形、双钱形、回字形的整体传统风貌。全国重点文物保护单位怀荫堂，以及崇本堂、遂祖堂、务本堂、仁俭堂、承锡堂等 20 多幢明清建筑，都坐落在这些巷弄中。从明代起杨湾小镇就是东山乃至周边西山、三山、吴江的经商要地，2016 年小镇上仍有各种商铺 20 多家。此外，小镇上还建有水龙间（消防设施）、轮船码头等公益设施。

杨湾古街（2015 年）

怀荫堂住楼（2015 年）

石桥小镇（2015 年）

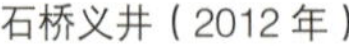

石桥义井（2012 年）

石桥小店（2015 年）

石桥果农（2015 年）

石桥小镇　坐落在石桥村，南起怀庆堂，北至敬德里，东接严家巷，西至石桥义渡，面积 580 平方米。从南宋末年起就为后山重镇，明清时为杨湾及周边西山、三山、湖州、宜兴等地的商贸区。新中国成立前后，石桥镇商业仍十分繁华，在东西两侧街市上开有商铺近 20 家。名胜古迹近 10 处，南宋朱氏所筑“震泽底定桥”，历 800 多年仍保存完好，桥旁清乾隆五十二年（1787）重修石桥时所掘的“义井”，村人仍在汲水使用。保存有上巷、下巷、圈门弄、元宝石、平盘里、张家巷、石子场与仁启堂、承志堂、碧山堂、景德堂，既是明清古巷、古宅，又是历史上有影响的遗存。

◉ 江南民居

据第三次全国文物普查统计，现杨湾村保存比较完整与存有部分厅堂或住楼的古建筑 79 幢，其中元代建筑 1 幢、明代建筑 19 幢、清代建筑 38 幢、民国建筑 21 幢，建筑面积 15111.8 平方米。其中保存完好的明、清、民国民居 25 幢，保存较为完整的古建筑 50 多幢。明善堂、怀荫堂属全国重点文物保护单位，纯德堂和崇本堂、久达堂、晋锡堂分属苏州市吴中区文物保护单位与控制保护建筑。

明善堂 （参见本志“古建瑰宝·明善堂”）

怀荫堂 （参见本志“古建瑰宝·怀荫堂”）

敦爱堂 位于上湾村 9 组，面积 453 平方米，明代建筑。共有一路四进房屋，第一进花厅、书房；第二进大厅，亦称圆堂；第三进前住楼；第四进后住楼。花厅面阔三间带两厢，内四界前廊建筑形式，前施鹤颈轩。花厅西侧有书房两间，结构紧凑。大厅面阔五间，前后住楼均面阔三间。1929 年 6 月 25 日至 7 月 5 日，李根源东山访古期间，曾寓居居氏敦爱堂，李氏《吴郡西山访古记》有载。

敦爱堂（2016 年）

李根源住过的楼房（2016 年）

宏远堂（2015 年）

燕诒堂大门（2016 年）

景云堂 位于杨湾村 3 组，明代建筑。原建筑面积较大，遗址有门厅、园堂、若干间附房，现存住楼 2 幢，470 平方米。前住楼面阔三间带两厢，内四界前廊建筑形式，二楼正贴内四界大梁扁作抬梁式。明间脊檩施彩绘。后进住楼面阔三间带东厢，其西厢已改建。二楼构架为内四架前廊形式。其宅为姜姓祖传房屋，保存较好，损毁率 20%。

宏远堂 位于杨湾上湾村 8 组，234 平方米，明代建筑，现属王姓所有。原规模宏大，有圆堂、花厅、住楼等，中轴线上有五进建筑，一直延伸至山脚，长达百米。现保存门屋、圆堂两进。大门朝西，面临陆杨（陆巷—杨湾）古街，大门与古街有五级石阶落差。门前原有一座更楼，已毁。小庭院前有一株 350 年树龄的古银杏树。门屋面阔三间，沿古街而筑，十分壮观。大厅面阔三间，内四界前廊形式。内四界大梁扁作抬梁式，边贴穿斗式。

燕诒堂 位于杨湾西巷村口，面积 250 平方米，明代建筑，房屋基本完好，属顾姓祖传遗产。坐北朝南，前后两进。门屋朝西，面向西巷港，门前有一口明代古井。住屋面阔四间带前两厢，进深六界，构架为扁作抬梁式，边贴穿斗式。内四界前廊建筑形式，前施鹤颈轩。门屋左右为双厢房，结构紧凑，各装有 6 扇海棠半窗。后住屋前有一座清水砖雕门楼，门额内空白无字，十分古朴。门屋与仪门之间为天井，用青砖侧铺成长宽 20 厘米的小方格，内用碎花岗石子铺成的菊花形图案，非常典雅。庭院中有一株 300 年树龄和多株近百年的黄杨树。

崇本堂 位于杨湾村 1 组，建筑面积 1231 平方米，清道光年间（1821—1850）杨湾沪商张平甫建。2005 年公布为苏州市吴中区控制保护建筑。

崇本堂马头墙（2016 年）

该宅规模宏大，保存较为完整的西侧围墙有 100 多米长，每相隔 20 米，就筑有一堵马头墙（烽火墙），属徽派风格建筑。整座古宅分前后两部分，前为老屋，后为新宅。老屋部分有门屋、住楼、附房、东小楼及更楼。门屋面阔五间，进深 6.1 米。构架圆作穿斗式。前住楼面阔五间带前后厢房，进深 8.8 米。前有门楼，上有烽火墙，高达 10 米，四周围以高墙，在大宅院中又形成一座独立的院落。楼下廊沿明、次间设鹤颈轩。前檐柱子为方形，下设扁方形花岗石质柱础，顶置坐斗承檐檩。前檐出檐较深，施飞椽，檐下以云头挑梓檩做法承檐口。二楼梁架为内四界前后双步结构。梁架圆作，穿斗式。前住楼后备弄西侧靠街处，有一座更楼，下为花岗石库门，上筑一层小阁楼，临街一排小木窗，从窗口可看到街上全貌，为该宅的一大建筑特色。后住楼规制与前住楼基本相同，楼沿的木雕更为精细，可能为后来所增建。第二幢古宅前天井中，有一口暗井，无井栏。花岗石井台长 82 厘米，宽 52 厘米，同天井中所铺筑的花岗石板混为一体，很难分辨。此井用于古代老宅中消防救急。

该宅在 20 世纪 90 年代前，曾先后做过杨湾粮站、信用社、废品收购站和东山湖新大队渔业办公室。

纯德堂 位于杨湾张巷村 80 号，面积 1256 平方米，清咸丰年间（1851—1861）建筑，2009 年公布为苏州市吴中区文物保护单位。整座建筑可分为东、中、西三路，间以备弄相通。东路有花厅、书房；中路有轿厅、大厅、住楼；西路有书楼。三路单体建筑四周围以高耸的院墙。前院墙有 2 道，院墙之间有古井 1 口。轿厅二坡硬山造，两处山墙顶部设屏风式烽火墙。门屋面阔三间，进深 8 米，内四界前廊形式。内四界扁作抬梁式，边贴穿斗式。大厅面阔三间，进深 11.4 米。内四界前廊轩后单步形式。内四界扁作抬梁式，边贴穿斗式。脊檩施彩绘，明间后有穿堂。住楼面阔五间带两厢，底楼副檐做法。二楼构架为内四界前后双步做法。内四界圆作抬梁式，边贴穿斗式。住楼前庭院院墙正中设砖雕门楼，字枋内雕以“勤俭忍让”字铭。花厅面阔三间，内四界前廊轩形式。内四界扁作抬梁式，边贴穿斗式。花厅后备弄可通后面书房。书楼面阔三间，进深

纯德堂住楼（2013 年）

11.5 米。二楼构架圆作抬梁式，边贴穿斗式。

久达堂 又名“九大堂”，位于张巷村 129 号，面积 1310 平方米，建于清乾隆年间（1736—1795），张姓祖传住宅，2005 年公布为苏州市吴中区文物保护单位。主轴线上有五进建筑，基本保存完好。第一进门屋七间，中间为进出主厅的通道，东西两侧各

久达堂梁架（2013 年）

三间。进门屋约 2 米，建有仪门（亦称二门），左右两扇门上画有迟尉恭、秦叔宝两个门神，下置石马，刻狮子滚绣球等浮雕。大厅面阔五间，前廊后轩，金柱和前后步柱为仿明木鼓墩，粗看似木墩，实为青石鼓墩，柱子直落方砖上。正梁绘明式彩绘，梁架官帽翅上，透雕的人物故事清晰逼真。前住楼五间带两厢，前有门楼与照墙，可自成一院落。门楼全部为水磨细砖贴面，内侧面镌“诒谋燕翼”4 个字。

大厅与前住楼中间院墙上，共有 3 扇门，中为大门，两侧的小门只有 1 米宽，门前各有一座小石桥。3 扇门上全用方砖钉贴，称将军门形式，为久达堂的建筑特色。第四进为后住楼，建筑规模及格式，与前楼相同。第五进是花园，在东西两角，分别建有一座二层小楼，古色古香，十分秀丽，称东西湘妃楼。东侧是一条长约百米的备弄，西边为天井，东侧布局有厢房、客房及灶间等附房。宅西面是花厅、书厅和小花园等建筑。该宅大厅在 20 世纪 80 年代大办乡镇企业时，建办过铁箱厂，致使厅内方砖全部破碎，但大厅屋架与墙面完好无损。

晋锡堂　位于杨湾上湾村 7 组，面积 480 平方米，朱氏建于清道光二十七年（1847），2010 年公布为苏州市吴中区控制保护建筑。原规模较大，有东、中、西三路建筑。现中轴线保存有门厅、圆堂、住楼三进及少量附房。门屋面阔三间，进深五界。明间前开库门做门第，出大门即为陆杨（陆巷—杨湾）古道。门楼朴素，镶砌有 3 层青砖磨光

晋锡堂（2015 年）

门额，额上空白无字。间以天井相隔，天井左右两边瓦砌花窗古色古香，极具特色。大厅面阔三间，进深 13.05 米，内四界前轩后抱厦后双步结构。内四界大梁扁作抬梁式。山界梁背设五七式斗六升牌科，山尖施山雾云。

明间前廊柱下设花岗石圆鼓形柱，顶设坐斗，承檐檩。出檐较深，施飞椽，檐下云头挑梓檩做法。大厅东西山墙为马头墙，属徽地建筑风格。大厅前门楼有 3 层清水砖雕，所雕动物及花卉造型精致。门楼檐下置 6 个复式砖雕琵琶撑，上层门额两端各雕有一幅松鼠戏葡萄的图案。中间雕“星云洽颂”4 个大字。住楼面阔三间带前后厢，楼下鹤颈轩形式。底楼前设轩，施弓形椽。二楼构架圆作，穿斗式，较朴素。楼上面南与左右厢房均配有豆腐格矮窗，配明瓦，下置木裙板。楼前有一座砖雕门楼，砖雕图案简洁朴素，中额有“轮奂增辉”4 个字，无落款。左侧雕有一盆牡丹花，右侧为一盆荷花。该宅主体建筑保存较为完好。

晋锡堂住楼（2015 年）

遂祖堂门楼（2015 年）

遂祖堂 位于杨湾村3组，面积603平方米，大浜村周祖礼建于清乾隆三十八年（1773）。主轴线上保存有门厅、大厅、住楼、灶间四进建筑。西侧有花厅，东边有附房数间。门厅南向，面阔三间，置有6扇较厚的屏门，门厅两侧为书房，筑有蟹眼天井，植有天竺、蜡梅，小巧幽雅。砖雕门楼正面镌雕字额为“修德守正”，后面书“承前裕后”。进门楼为大厅，面阔三间，前廊后轩，进深8米，内四界前廊形式。内四界扁作抬梁式，边贴穿斗式。大厅正中，“遂祖堂”匾额高悬。过大厅为一座石库门，砖雕字额“太和毓端”4个字。住楼面阔三间，因前无厢房，显得宽敞明亮。前、后客厅置东西两面楼梯。住楼上层梁檩上包袱锦彩绘清晰。后进为灶间，两端各有门，通往东西两座花园，园中遍植四时佳果和名贵花木。

崇仪堂 位于杨湾上湾村8组，建筑面积654平方米，建于清道光二十四年（1844），房屋完好率达70%。原为叶姓祖传第宅，20世纪70年代，曾办过杨湾农业中学。坐北朝南，沿古道而筑。保存有单体建筑一路三进，在中轴线上依次有门屋与前后住楼两进。大厅早年已毁，仅存遗址。门屋面阔五间，进深五界，构架为圆作抬梁式。前住楼面阔五间带两厢，二楼构架为内四界前后单步形式。后住楼面阔三间带两厢，楼厅前

崇仪堂（2015年）

檐口斜撑精致。住楼明间前砖雕墙门字牌内所镌刻的“道光甲辰夏日”字铭，为其宅建造的年代。

宁远堂 位于杨湾上湾村8组，建筑面积234平方米，建于清道光二十四年（1844），完好率60%，王姓祖传第宅。坐西面东，宅后为古街。原规模很大，现保存后住楼1幢，面阔五间带两厢，内四界大梁扁作，抬梁式，边贴穿斗式。通进深8.5米，楼下前廊深1.8米，明间前施踏步一级。前后金柱间距5.5米，后廊深1.2米，明间后廊设楼梯。楼下各间之中均立墙隔断，楼上明、次间一统三间，单独成室。柱础为青石八角杵头式，次间施扁鼓形木鼓墩，金柱下衬垫方形柱顶石，柱脚包木，呈鼓墩形，用材较粗壮。楼前有一座清水砖雕门楼，结构简朴，中间砖雕字牌“慎德永图”4个字。

三善堂 位于杨湾上湾村8组，建筑面积216平方米，清代建筑。房屋完好率60%，东山镇财政所公产。原为清代及民国时慈善设施，以存放棺木为主。存门屋、圆堂、后住屋一路三进房屋。门屋沿街而建，保存较为完好，大门与街路落差较大，门前置5级青石

三善堂（2015年）

阶沿。内八字门框，大门高而宽。门屋面阔三间，进深四界，大梁圆作穿斗式构架，圆堂面阔三间，进深六界，内四界前廊形式。后住楼面阔三间，大梁圆作穿斗式。

志仁堂 位于湖沙村北端，建筑面积200平方米，清代建筑，属朱姓祖传第宅。保存住楼1幢，面阔三间带前厢，进深六界。构架为扁作抬梁式，边贴穿斗式。内四界前廊形式，前施鹤颈轩。青石质柱础较大，楼柱粗壮，楼厅前门楼简洁古朴。东侧院墙上瓦砌蜂巢形花窗有特色。

森玉堂 俗称静观楼，位于杨湾石桥村，建筑面积160平方米，清代建筑，房屋基本完好。原为叶氏所建，规模较大。主轴线上保存有门屋、圆堂、住楼、后宅等建筑，门屋朝南，面阔三间。住楼坐北朝南，面阔三间，楼上进深六界，大梁扁作抬梁式，边贴穿斗式。楼下进深七界，前副檐深达1米。楼前清水砖雕门楼1座，结构简朴，中间砖雕字牌“修齐永绍”4个字。

景德堂 位于杨湾石桥村，建筑面积252平方米，清代建筑，房屋完好率70%，属王姓祖传房屋。该宅为清乾隆年间（1736—1795）莫厘王氏裔孙王金增与兄奕经、弟奕组购朱氏缥缈楼所建，原规模宏大，宅中建有壑舟园，史载园中有天绘阁、孔安楼、护兰室、云津堂、缥缈楼、得月亭、艺云馆、壑舟堂等建筑，还有缥缈晴峦、碧螺拥翠、石公晚照、三山远帆、石桥渔艇、豸岭归樵、双墩出月、弁山积雪八景。保存门楼1幢，面阔六间，宽18米，进深9米。二楼正贴内四界扁作抬梁式，明间脊檩施彩绘。楼下门间花岗石门框较大，上下石框宽4米，高2.8米。

集庆堂 位于杨湾张巷村，建筑面积455平方米，1918年孙氏所建。保存有前后住楼及东侧小楼等三进单体建筑。该宅跨张巷街而筑，街东侧为前后住楼；街西侧为小楼及附房。前住楼面阔三间带两厢，进深六檩。门楼简朴，中间字额书“厚德载福”4字。楼下明间前设鹤颈轩，轩梁下置蜂头，轩脊檩设托机。楼厅明间前后步柱下设扁鼓形青石柱础，用料较大。前檐楼窗下雕有花纹，十分精致。屋架大梁圆作抬梁式，边贴穿斗式。楼板用料大，上下房间均配洋门，带有明显的西洋风格。后住楼面阔三间带两厢，进深六檩。门楼亦较简洁，中间字牌额上空白无字。楼下前后檐步柱下设细花岗石扁鼓形柱础，鼓墩上刻有浮雕。大梁圆作抬梁式，边贴穿斗式。前后楼可走通，形成走马楼。

东侧临街筑有小楼1幢，面阔两间，歇山屋顶做法。门屋一间，朝东开门，屋架依街形做成不规则的斜状。门框上有一长方泥塑锦卷，左右塑有两只飞翔的蝙蝠。屋架进深七檩，梁架圆作，南北抬梁式，东西穿斗式。山墙为观音兜式，楼下明间细线砖侧铺成箭翎形。

怀庆堂 位于杨湾石桥村，面积 350 平方米，民国建筑，孙氏祖传第宅。保存有前、后住屋和圆堂三进住房。前进住屋门楼朴素，中间方砖字额，内空无一字，入门庭院较大，筑铺花岗石板。前住屋面阔五间带两厢，进深六檩。梁架用料较大，大梁圆作抬梁式，边贴穿斗式。厢房两间，四界屋，抬梁式，顶筑天花板。后住宅五间带两厢，前门楼朴素，细花岗石门框。屋架进深六檩，梁架圆作，穿斗式。厢房两间四界屋，抬梁式。其中东边有一间为门屋，置门，通东边备弄。圆堂面阔三间，中为庭院。大梁扁作，抬梁式，边贴穿斗式。前后住屋保存完好，圆堂部分损坏。

安庆堂 位于杨湾上湾村 7 组，南洋里更楼西侧，建筑面积 803 平方米，叶氏 1928 年建。原规模宏大，有五进建筑，老宅南面仍保存有近百米长的围墙，置有“安庆堂叶界”与“安庆堂叶界墙外有 2 尺”的界石。20 世纪 90 年代，该宅主体建筑被房主售于木渎镇，营造严家花园。现存前后住楼 2 幢，前住楼面阔三间带两厢。二楼构架为内四界后双步做法，内四界圆作抬梁式。后住楼面阔三间带两厢附南侧小楼。内四界圆作抬梁式，

安庆堂更楼（2015 年）

用料粗大，底楼两厢檐口雕以繁缛密集的装馆长花纹。前住楼墙门字牌内所镌刻“戊辰仲春”字铭，为该宅建成年代。1935 年，上海电影明星王人美避难东山时住过半月。

敦善堂 位于杨湾上湾村，建筑面积 250 平方米，周姓民国时所建。坐北面南，保存有住房与住楼两进。住屋面阔五间，进深四界，构架正贴圆作抬梁式，边贴穿斗式。明次梢间前设天井，四周铺青石条石，东置花坛，结构精巧。住楼面阔三间带两厢，楼下鹤颈轩形式。底楼前设轩，施弓形椽。构架圆作穿斗式，较朴素。楼上面南设豆腐格矮窗，左右厢房前各 12 扇小窗，配明瓦，下置木裙板，较为古朴。

仁俭堂 位于杨湾大浜村，建筑面积 322 平方米，民国建筑，房屋保存完好率 60%，产权为张姓所有。存住屋 1 幢，面阔三间带两厢，内四界大梁圆作抬梁式，边贴穿斗式。前置豆腐格落地长窗 6 扇，镶有明瓦。明间前与两厢间形成天井，塞口墙下设墙门。住屋前烽火墙高 10 米，设花岗石石库门。大厅遗址前有古井 1 口。

承志堂 又名金碧山庄，位于杨湾石桥村，建筑面积 1200 平方米，民国建筑，房屋基本完好。清末民国初沪地大商人王宪臣故居。该宅建在灵源寺西面，坐北面南，院门西向，大门两侧置铁栏。中轴线上建有前厅、大厅、住楼、住屋四进建筑，东西两侧

承志堂大门（2016 年）

还建有部分附房。四进主体建筑的墙壁全部用红、青两色砖清水构缝。观音兜烽火墙，山墙窗洞西洋式，整座建筑中西合璧，十分壮观。前厅筑有高大的门楼，门楼上部为清水石雕抛方，下部门框为磨光彩石子与水泥混砌。前厅面阔三间，大梁圆作，边贴穿斗式。东西两屋壁间各砌有石碑。大厅面阔三间，进深七界带前后轩廊，轩廊为琵琶轩，轩左右各有一扇洞门，通附房和花园。大梁扁作抬梁式，正梁施明式彩绘，边贴穿斗式，置山雾云。主厅正中高 10 米，轩廊下装饰有上下二层挂落，置落地长窗。住楼三间，梁架圆作。后楼五间，前置矮窗。

承锡堂　位于杨湾大浜村，建筑面积 159 平方米。吉林省书法家协会副主席金中浩故居。保存住楼与附房等建筑。住楼面阔两间带一厢，附房南有小天井，内有八角青石栏古井 1 口。杨湾金氏世代在上海经商，民国年间钱庄襄理金伯涛在故乡购地筑宅，为防太湖强盗抢劫，筑宅时楼上楼下置密室十多处，以藏财物。其宅面积不大，楼上下有明楼暗道，犹如一座迷宫。从其门楼字牌内所镌“丁丑年松泉重建”字铭看，系 1937 年所建。

◉ 公共设施

杨湾古村保存的公共设施，有燕石学堂、更楼、水龙间（救火会）、登善医院、民

承锡堂大厅（2016 年）

燕石学堂旧址（2016 年）

国菜场门楼、商铺等多处。

燕石学堂 位于上湾村 8 组，建筑面积 155 平方米，明代建筑，房屋基本完好。又名吴县县立燕石初级小学，1935 年村人张知笙发起创办。该宅原规模较大，有前后四进建筑，清初做过地方衙门关押犯人的监狱，清中期又做过尼姑堂，民国初期改办学校，抗日战争爆发后停办。门屋坐北朝南，面向杨湾古道，面阔三间，前后带轩廊。大梁圆作抬梁式，边贴穿斗式，前为鹤颈轩。西厢房后有古井 1 口，青石井栏素印深凹，甚为古朴。

更楼 位于上湾村 7 组，面积 15 平方米，清代建筑。沿街朝西而建，二坡硬山造，面阔一间，进深 2.7 米。二楼构架圆作抬梁式，船篷顶。二楼正面沿街开有一方形小木窗，为更夫守夜探望门前动静所设；二楼背面上下两层木裙板，上层开有一方形大窗洞。更楼底层前开圈门，后部敞开，可通小巷，巷子里有青砖侧铺的小道，直通安庆堂。底层北侧有门，可通河房，并镌刻有“南洋里”3 个字，结构巧妙合理。该更楼东侧原建有多幢民居，旧时为防盗贼，及更夫敲更所筑。

水龙间 又名救火会，位于上湾村 7 组，面积 30 平方米，清代建筑，房屋完好。大门沿街而筑，门高 3.5 米，左右设砖墩，门上方置月圆形门楣，上塑凤凰 2 只，精致逼真。房屋一间，面阔 4 米，进深 6 米，内四界大梁圆作抬梁式。左右墙壁上开有窗洞，较窄小，仅为通风。该宅为清末民国初村中的消防设施。

水龙间旧址（2016 年）

石桥菜场门楼旧址（2016 年）

登善医院旧址（2016 年）

古商铺（2012 年）

登善医院 位于杨湾张巷村，杨湾古道西侧，面积 121 平方米，1929 年杨湾旅沪商人王宪臣等发起创建。设有门诊部、药房和病房区三部分，为乡人免费医治。1938 年因抗日战争停业。1943 年复业。门诊部、药房已破损，病房区保存完好。

石桥菜场门楼 位于杨湾石桥村，建于 1929 年。民国时后山杨湾村为南区，陆巷村为北区，石桥村位于中间，故又称中区菜场。保存有门楼及南北两进当时买卖交易的菜棚。门楼略带西方教堂色彩，高 4.25 米，宽 2.65 米，为青砖清水勾缝扁砌。左右两个清水砖墩直砌至门楼顶端，中间顶部为观音兜封顶。下圆拱门内膛高 2.7 米，中间字额为 5 块铁铸小方砖，上书："中区小菜场" 5 个字，右侧为"十八年仲秋"一行小字，左侧落款：江洲施政书。菜棚南北两进，中有过道。前、后进均面阔三间，进深六檩，冷摊瓦，圆作梁，较为简易。两进菜棚前后砌有 12 个清水砖墩，梁架直落在砖墩上。棚前为小院及门楼。

古店铺 位于杨湾村浜场东街，建筑面积 855 平方米，民国建筑，有药材店、裁缝店、剃头店、豆腐店、茂泰米店、饭馆、茶馆、书场等十多处，原已年久失修，2010 年起村里已利用民资大部修复。

2016 年杨湾村文物保护（控制保护）单位一览表

表 4

单位名称	级别	批准年份	朝代	地址
轩辕宫正殿	国家级	2006 年	元	上湾蒉家山坡
明善堂	国家级	2006 年	明	上湾村西侧
怀荫堂	国家级	2006 年	明	杨湾浜场北面
崇本堂	市（控制保护）	2005 年	清	杨湾村 1 组
纯德堂	市级	2009 年	清	张巷村 80 号
久达堂	市级	2005 年	清	张巷村 129 号
晋锡堂	市（控制保护）	2010 年	清	上湾村 7 组

◉ 古桥泉井

杨湾村古桥与古泉井较多，村内保存有香花桥、月溪桥、震泽底定桥、广利桥、老青桥、张巷青桥、菜场青桥、民国拱桥等；古泉井有灵源泉、泗州池、石桥义井、燕石井（尼姑井）、湖沙井、马家井、大浜矮井、苟丝弄井等明清古泉井多处。

古村秋色（2015 年）

香花桥旧貌（2013 年）

月溪桥（2015 年）

香花桥区新貌（2016 年）

香花桥 宋代青石拱桥，位于杨湾寺前村，能仁寺古迹区。能仁寺建于南朝时梁天监二年（503），原景观颇多，惜大多已毁。香花桥桥面宽 2.2 米，长 2.1 米。桥洞由 20 块半月形青石板筑成，桥洞高 2.1 米，宽 2.4 米，较为古朴。能仁寺中香花桥与翠峰坞中香花桥保存完好，并与有建年记载的宋代香花桥建筑风貌相同，属宋代古桥。该桥因年代久远已被荒草淹没，2015 年杨湾村筹资对香花桥进行修复，使之恢复原貌。

月溪桥 俗称棋盘桥，宋代青石平桥。位于灵源寺西侧山溪上，长 3 米，宽 2 米，桥面为两块巨大的青石板，其中南面一块石板右侧两端各镌有一朵瑞云。桥板中间已断裂，下由一根高 1.5 米的六角形青石柱顶住，俗称"橄榄核填桥脚"。

震泽底定桥 俗称石桥，南宋武康石拱桥。位于杨湾石桥村，始建于南宋绍定年间（1228—1233），明成化二十一年（1485）和清乾隆五十二年（1787）两次重修。单孔石平桥，长 2.82 米，宽 4.2 米。中间桥面石宽 0.88 米，厚 0.3 米。桥上筑一亭，四榱，东西落水，檐椽均出檐 0.3 米。梁圆作，抬梁式。桥垛壁间保存古碑 2 块，分别为明、清两次重修桥记。桥面石 5 块，其中 4 块花岗石板，1 块青石板。青石板桥面为始建时原物。该桥历经 700 多年，如今仍不失旧貌。

震泽底定桥（2015 年）

广利桥 又名江陵桥，清代平桥。位于杨湾张巷陆杨古道上。横式平桥，横跨古道山涧。桥面由 3 块长 3.3 米、宽 0.8 米的长条形石组成。3 块桥面的石质分别为武康石、青石、花岗石。桥两侧有护栏石，系青石质。其中一块栏板石侧面镌刻“大清康熙三十四年时瑞甫重建”字铭。属古道山涧上便桥。桥式古朴，仍为村人行走。

广利桥（2016 年）

菜场青桥 民国水泥拱桥，在石桥民国中区小菜场东端，与民国菜场同时所筑。长 2.35 米，宽 2.15 米。桥下为小溪，直通太湖，船只可通行，民国初期菜场全盛时，常有对湖西山菜船系之桥下卖菜。

灵源泉 梁代古泉，在杨湾石桥村灵源寺罗汉松旁。黄石盘筑井壁，井口上部有青石质铜鼓形井栏，外径 70 厘米、内径 38 厘米、高 48 厘米。井栏内壁下部凹进一圈，为别处不多见。灵源泉为东山古代十大名泉之

灵源泉（2013 年）

一。清乾隆《太湖备考》载："旧患目疾者，井水洗眼可愈。"附近村人仍至井中汲泉食用。

泗州池 明代古泉，位于杨湾寺前村能仁寺遗址，该池长 1.8 米，宽 1.2 米，有 9 级石阶下至池畔，泉水仍清冽甘甜，为村民生活与生产用水。泗州池为东山历史上著名古迹，旧传有泗州塔影倒悬池中，清康熙时泗州塔沦入洪泽湖，胜迹淹没，现"泗州池"尚存。

泗州池碑（2012 年）

石桥义井 在震泽底定桥旁，明代古井。青石盘筑井壁，井口上部有青石质八角形井栏，外径 66 厘米、内径 35 厘米、高 41 厘米，井栏侧面镌刻"义井"2 个字，井水清冽，终年不涸。

燕石井（2016 年）

燕石井 又名尼姑井，位于上湾原燕石小学后，明代古井。青石盘筑井壁，井口上部有青石质八角形井栏，索印深凹。外径 60 厘米、内径 36 厘米、高 36 厘米。该井所在房屋在清康熙年间（1662—1722）为监狱，井西侧墙上有一小洞，旧为拖尸洞，据说犯人在狱中病亡或被折磨致死后，衙役把尸体从洞中拖出，用井水洗尸后埋葬。现井栏及井台仍保持明代风貌。

马家私井 位于西巷村北路边，原马家老宅旁，明代古井。近处有两个山潭，形如太阳与月亮，俗称太阳河与月亮潭。黄石盘筑井壁，井口上部青石质上圆下方井栏，较为奇特。井栏上部圆形，外径 48 厘米、内径 30 厘米、高 18 厘米。井栏上部镌刻有"马家私井"4 个大字，井水仍为村人生活使用。

马家私井（2015 年）

大浜矮井 位于杨湾大浜村，清代古井。青石盘筑井壁，井栏与井台连为一体，故称矮井。井栏圆形，外径 54 厘米、内径 38 厘米、高 15 厘米，井栏上部索印深凹。井水清冽，仍为附近大浜村人之生活用水。

苟丝弄井 在杨湾村苟丝弄，怀荫堂西，清代古井。黄（山）石筑井壁，圆形花岗石井栏，外径 50 厘米、内径 38 厘米、高 40 厘米。青石井台长宽各 1.4 米，左右两侧雕有凸形踏脚，以方便村人汲水。现井水常年不涸，已为杨湾古街景区一处景观。

◉ 峰石古木

杨湾境内多古石名木，有碧螺峰、览胜石、小云台、碧螺春晓，以及饭石峰、雄磺矶、可月堂、灵泉等近十处摩崖石刻；有灵源寺罗汉松、西巷古柏、净云庵古樟、湖沙榉树、寺前古榆、屯湾朴树，以及大浜、施家场、上湾、澄湾、西巷村古银杏树等 300 年以上树龄的古木 25 株。

湖沙古榉树（2013 年）

寺前古榆树（2016 年）

碧螺峰 在石桥灵源寺后张巷山上，北宋古迹。山岭多异石，遍植茶树。据清乾隆《太湖备考》载："东山碧螺峰石壁产野茶数株，山人朱元正采制，其香异常，名'吓煞人香'。"碧螺峰摩崖朝西仰卧，高 1.5 米，东西宽 2 米，南北长 2.5 米，中镌刻"碧螺峰"3 个大字，仍清晰，而南侧一方小字已风化，无法辨认。据民国叶承庆《乡志类稿》载："碧螺峰，明正德癸酉王鏊题。"崖旁有 2002 年所筑碧螺亭，亭中匾额"碧螺亭"三字为画家亚明所题。近处有"碧螺春晓"摩崖石刻，1929 年李根源至吴郡西山访古，5 月 19 日至 28 日，在东山访古探幽 10 天，灵源寺碧螺春晓摩崖为他访古时所

碧螺峰（2012 年）

碧螺春晓（2012 年）

题。崖石朝南斜卧，长 2.5 米，宽 1.5 米。“碧螺春晓”四字，隶书，长 1 米，每字长宽各 20 厘米。左侧镌刻一行小字：民国十八年灵源寺僧宏度请腾冲李根源书。

览胜石 明摩崖石刻，在杨湾寺前村东岭长圻山能仁寺遗址前。石上镌刻“览胜石”3 个大字，正书，高 1.33 米，无书刻落款。据民国叶承庆《乡志类稿》载，其摩崖为明正德年间（1506—1521）王鏊书。

小云台 清代摩崖石刻，在湖沙山上，清康熙年间（1662—1722）东山文士金砺题。其峰背靠青山，面向太湖，视野开阔，气象万千。旧传湖沙有龙穴，小云台为其龙目，被明代军师刘伯温所破。2009 年，葬于山下杨湾华侨公墓的原外交部部长乔冠华移葬小云台，同第一任妻子龚澎合墓。至 2016 年，小云台乔冠华墓附近已新建了 100 多座墓穴，形成了一个新的墓区。

灵源寺罗汉松 在杨湾石桥村后灵源寺内，树龄 1400 多年，高 30 米，胸围 6

米，生长良好。苏州市吴中区农林局2004年10月挂牌：古树名木，保护级别为I级。与西巷古柏、吴巷山古银杏、殿前古紫藤同称东山四大“千年古树”。20世纪80年代末，古罗汉松根部曾发现白蚁侵蚀，吴县农林局和东山农林服务中心组织力量及时进行扑杀，并划定保护范围，设置铁栅栏保护，使之恢复生机。在灵源寺罗汉松近处山坡上，有一株板栗树，树龄350年，高15米，胸围2.5米。

小云台（2012年）

灵源寺罗汉松（2000年）

罗汉松树干（2014年）

西巷古柏（2000 年）

西巷古柏 位于屯湾西巷骑龙殿遗址，树龄1000年。树高20米，胸围4米。苏州市吴中区农林局2004年10月挂牌：古树名木，保护级别为I级。古柏原生长良好，2013年起突然大部枝丫死亡，吴中区文物管理部门和村里共同采取紧急措施，进行全方面抢救，后树势有所恢复。

净云庵古樟 在杨湾蒉家山嘴净云庵庙内，生长茂盛。树龄约600年，高20米，树冠达250平方米。共有5株树干组成，中间主干胸围6米，旁有4株支干，胸围1.3～1.5米，成圆形围住主干，生长茂盛。树后为净云庵，原规模较大，后来大部庙屋已毁，仅存后屋三间僧舍，面积约120平方米。20世纪80年代，洞庭公社在杨湾开设茧站，收购、烘烤蚕茧，净志庵庙屋大多改建成烘茧房。现净志庵壁内保存有一块《净志庵碑记》，清道光二年（1822）岁次壬午，赐进士出身前知甘肃会宁山丹县事守朴斋居士郑长棨撰。

磨盘石银杏树 位于杨湾2组磨盘石。树龄600年，高15米，胸围3米。20世纪80年代，其顶部被雷电击中，劈去顶梢，现无顶梢，只剩2枝丫向南北方向伸出。犹如一巨大的树桩盆景。苏州市吴中区农业局2004年10月挂牌保护，保护级别为I级。

上湾周宅银杏树 在上湾杨湾古街东侧高墩上，周氏敦爱堂前。树龄350年，高25

净云庵古樟（2000年）

上湾周宅银杏树（2016年）

米，胸围 3.6 米。苏州市吴中区农业局 2004 年 10 月挂牌保护，保护级别为 I 级。

上湾王宅银杏树 位于上湾杨湾古街东侧高墩上，崇仪堂南侧，原王氏宏运堂废墟围墙内。树龄 350 年，顶高 25 米，胸围 3.6 米。苏州市吴中区农业局 2004 年 10 月挂牌保护，保护级别为 I 级。

上湾王宅银杏树（2015 年）

古建瑰宝

杨湾村的古建筑数量多、历史久，其中全国重点文物保护单位有轩辕宫（正殿）、明善堂、怀荫堂3处，被誉为古建瑰宝，是前人优秀建筑艺术的结晶。

◉ 轩辕宫正殿

位于杨湾上湾村附近的黄家山嘴，元至元四年（1338）重建，建筑面积520平方米，2006年公布为全国重点文物保护单位。

轩辕宫历史 最早名胥王庙，据说为纪念吴国大夫伍子胥而建，宋明后庙名屡变，先后改称为：显灵庙、灵顺宫、杨湾庙等。20世纪30年代，正殿改祀汉族始祖黄帝，因黄帝生于轩辕之丘而改称“轩辕宫”。

轩辕宫始建于唐贞观二年（628），明崇祯《吴县志》载：“创于唐贞观二年，宋高宗南渡时扈跸官军分道经湖，风涛不可航，祷神立应，为遣官齐金葺治……”在殿中原碧霞元君祠内额枋下题字：“鸱夷藏日庙祠随兴，至刘宋元嘉二年乙丑春重建，唐贞观

轩辕宫正殿（2016年）

二年修，宋高宗南渡封王再建，元至元四年修，明嘉靖庚子复修，清顺治六年岁次己丑夏募缘僧崇禄劝众鼎新”。在正殿脊枋下，亦记有："元季里人烂炒翁王万一始创，前明太仆寺席本桢同夫人吴氏……清顺治岁次乙未夏……落成”。北面架梁下题字："清顺治乙未岁孟夏吉日，二十八都胥扶土地界里人姜锡藩乐施敬志”。原规模极其宏大，有山门、碧霞元君祠、城隍庙、正殿、火神庙等，至2016年保存有轩辕宫正殿和城隍庙两处。

轩辕宫正殿的建筑年代，陈从周根据其建筑特点，并参考明洪武《苏州府志》、清康熙《吴县志》和清乾隆金友理《太湖备考》等书，以及李根源《洞庭山金石》、建筑物梁枋上的纪年等，考定创自元至元四年（1338），复经明清两代重修，尤以清顺治十二年（1655）席本桢那次修建为盛。轩辕宫正殿重建于元

轩辕宫大门（2016年）

正殿皇帝像（2016年）

轩辕宫庭院（2016年）

轩辕宫正梁上的修缮记载（2016 年）

末，明清两代均进行过较大规模的修缮，现内柱础、梭形四金柱，有卷杀的檐柱及大部分梁架、斗拱等结构都是元代遗物。

建筑艺术　轩辕宫正殿雄居山垣，面迎太湖。殿作单檐歇山式，兽吻脊及屋角反翘，均系南方做法，颇为秀丽。山花板比博风板收进颇深，山花板内侧的草架柱等，未位于采步金上，而在檐椽上施塌脚木，以承草架柱子。殿顶出檐甚深，台基明高 64 厘米，四周立柱，并砌砖墙，前后中间开门，两旁设窗，一如江南寺庙大殿之常态，殿前月台宽 17.3 米，进深 9.2 米。北面设有踏步，正面有青石栏杆。南面与上山游览的通道相连，设有台阶。正门前设有台阶 4 级，两侧有“副子”。台基宽 17.3 米，进深 15.07 米。正殿面阔三间，宽 13.74 米，进深三间，11.84 米。正面明间宽 5.54 米。南北次间各 4.1 米。进深自西向东，第一间为 2.94 米，第二间为 5.6 米，第三间为 2.94 米，进深与面阔比例为 1∶1.2，近似正方形。

殿内结构为《营造法式》中典型的“月梁造八架椽屋，前后乳栿用四柱”对称形式。四内柱为梭柱，用材粗大，柱础为扁鼓状，下设素面覆盆。由横剖面可见前后槽梁架由下往上依次是顺栿串、乳栿和劄牵，梁栿下用重栱丁头栱承托；内槽梁架由下往上依次是顺栿串、四椽栿和平梁，梁架节点处多用斗栱连接，平梁上有类似丁华抹额栱构件，但无叉手。由纵剖面可见两山梁架由下往上依次是顺栿串、丁栿和襻间，前后内额上施一斗六升的襻间斗栱，当心间四朵，次间各一朵，顺脊串与脊槫间则用一斗三升的襻间斗栱，配置同前。此外，上平槫和脊槫绘有团龙图案的彩绘，楠木梁底存墨书题记，疑为 600 多年前的元人所留。

轩辕宫翘角（2016 年）

轩辕宫建筑艺术（2016年）

轩辕宫正梁古代龙纹图（2016年）

轩辕宫正殿供奉一尊高大伟岸的石雕轩辕黄帝像，与彻上露明造的厅堂结构相得益彰，庄严的大殿里挂着两幅古训“百善孝为先，论心不论事，论事贫家无孝子”“万恶淫为首，论事不论心，论心古今少完人”，这体现了中华民族由来已久的价值观和道德观。

头山门“三宝” 轩辕宫头山门为城隍庙，供祀清康熙年间（1662—1722）江苏巡抚汤斌，俗称汤老爷庙。建于清代中期，庙面向西南，有门屋、前殿与大殿三进建筑，门屋面阔三间，进深四界，上下两层，规制较逊。中间既是庙堂的大门，又是轩辕宫的头山门。门屋上下两层，为其建筑特色，这在东山的古建筑中少有。后殿三间，进深六界。殿基比前殿基高约 1 米，三座建筑因山而宜，成梯田形向上建，取步步高口彩。庙内辟碑刻陈列室，藏有明王鏊《洞庭两山赋》与文徵明《东西两山图》石碑及明石阴亭一座，被誉为轩辕宫三宝。

《洞庭两山赋》石碑，高 0.5 米，宽 2.12 米，明正德十三年（1518），大学士王鏊撰并书，为王鏊晚年一篇优秀的代表作品。该赋用词极为洗练，全篇只有 1053 个字，从对太湖和洞庭东西两山自然景色描绘入手，运用典故及精练的词语，概括而又详细介绍了洞庭两山的人文、地理、物产、古迹等。尤其是莫厘峰、缥缈峰等美景，气势磅礴，富有韵味。该赋由王鏊亲笔书写，后镌刻于碑上，字体行中带草，刚劲秀丽，在布排上

明王鏊《洞庭两山赋》石碑（2015 年）

明文徵明《东西两山图》石碑（2015 年）

也极为讲究，为一件珍贵的书法艺术作品。

《东西两山图》石碑，高0.5米，宽2.25米，明代画家文徵明作品。该碑刻为一幅较为写实的山水岩画，采用国画传统的散点透视的方法进行布景，先用长短粗细得当、圆润转折相宜的线条勾勒山川外形，然后再用这种线条表现洞庭东西两山的磅礴气势和秀丽景色。两碑原在岱松刘氏传经堂壁间，1971年传经堂坍塌，时汤斌庙修缮，被移藏至庙中保存。

石阴亭1980年在东山杨湾庙山出土，系一仿木结构石棺，高3.58米，直径2.5米，六角形，中间藏周姓女子尸骨。据清光绪《吴中叶氏族谱》记载："周香妹，明代杨湾人，正德年间被选中妃子，进宫前为夫殉情而死，丈夫叶时敬倾家财购这一石棺安葬未婚妻，后云游四方，终其一生。"该石棺每一面都有精致的石刻，阴亭第一面夹樘板上，阴刻"叶时敬妻周氏之墓"8个楷体大字，书法骨架清纤，娟秀妩媚，含柳体神韵。

石阴亭（2015年）

轩辕宫修缮所搭顶棚（2010 年）

轩辕宫落架修缮（2010 年）

保护修缮 轩辕宫正殿于 1956 年公布为江苏省文物保护单位，进行过较大规模的修缮。1975 年江苏省文化局拨款 9000 元，修缮殿顶、东南角檐柱、门窗装修、地面等，重砌殿后山崖石嵌，配备专人看管，使这一古建筑得到较妥善保护。1981 年，吴县文管会组织南京大学、南京工学院文物专家至东山，历时 36 天，对杨湾等古村落进行实地调查，重点考察省级、市级文物保护单位，协同地方政府制定保护规划。对轩辕宫设重点保护范围为：东至原三茅殿遗址，现铁栅处，西至山门前道路西侧，东西距离长 126 米。南至大殿南铁栅栏处，北至戏台北围墙外 3 米处，南北距离宽 52 米。一般保护范围：东至铁栅栏外 9 米，西至山门前道路西 6 米处，南至铁栅栏外 24 米处，北至戏台北围墙外 21 米处。建设控制地带：一般保护范围外四周 20 米。

1992 年江苏省文物部门投入 9 万元，修缮正殿檐柱、门窗、地面，全面治理白蚁。1994 年投入 4.2 万元，进行修补完善。2002 年，省文物部门又先后两次拨款，再次对轩辕宫正殿进行维修。

轩辕宫正梁修缮（2010 年）

2010—2011 年，苏州太湖旅游发展集团有限公司投入 120 多万元，邀请同济大学、东南大学等高校教授及苏州市、吴中区文管部门的专家研究方案，对轩辕宫进行为期两年的落架维修，使之恢复原貌。

附 1：洞庭东山的古建筑杨湾庙正殿 ①

杨湾庙在江苏震泽县（系新设，旧属吴县）洞庭东山后山杨湾滨太湖的一个小岗上，正西向。从山门入为碧霞元君祠，面阔三间，单檐硬山造，殿内有明嘉靖二十一年（公元 1542 年）重修碧霞元君祠碑记一石。经过石级登高台，到山腰，便是杨湾庙正殿。再登山，有一小殿，现名火神殿，也是面阔三间，单檐硬山造，与碧霞元君祠同样为后来重建的。

杨湾庙亦名显灵庙，又名灵顺宫，创自唐贞观二年（公元 628 年），至南宋绍兴间重建，元末里人王烂钞（万一）再重建，明弘治及嘉靖十九年庚子（公元 1540 年）后修，清顺治十二年乙未（公元 1655 年）由里人席本祯大事修缮，就是现在的样子。

庙初祀伍子胥，叫胥王庙，从明、清以来，这庙的名字已屡变更，现在正殿是祀的东岳大帝，殿名轩辕宫。据当地人说："反动派统治时要拆毁这古建筑，后改名轩辕宫，说是纪念'民族祖先黄帝'，才相安无事。"现在伍子胥像供在碧霞元君祠中，其旁相并列的为城隍庙，祀城隍汤斌，似就原来基础新构，因此从现有的平面追溯到当时建筑，其规模是相当宏大的。

平面：正殿正西向，月台宽 17.30 公尺，深 9.10 公尺。北面设有踏跺二级，正面有砖砌阑干。台基宽亦为 17.30 公尺，深为 15.08 公尺。正殿面阔三间，共宽 13.74 公尺。进深三间，共 11.48 公尺，正面明间宽 5.54 公尺，南北次间各 4.10 公尺。进深自西往东，第一间 2.94 公尺，第二间 5.6 公尺，第三间 2.94 公尺。面阔与进深比例为 1∶1.2，略近正方形。

外观：殿为单檐歇山，瓦脊及屋角反翘，均系南方做法。山花板比博风

① 作者陈从周（1918—2000），原名郁文。浙江杭州人，古建筑园林艺术专家，大学文化，中共党员，同济大学教授，博士生导师，擅长文、史，兼工诗词、绘画。著有《说园》等。

板收进颇深，仍是唐宋旧法，至今尚通行于南方诸省的。山花板内侧的草架柱等，未位于采步金上，而在上面檐椽上施塌脚木，以承草架柱子。与明清官式做法相同。出檐甚深，台基明高 64 公分。现在台阶上四周立柱并砌了砖墙。正中开门，两旁设窗，一如江南寺庙常态。南面近西首又有一小便门，檐下列 1 公尺的直棂窗一排。现在南面墙已有大缺口。整个建筑物之得以保护，使出檐能不下坠，可能就靠了这个围墙的支持。

柱及柱础：殿中都是木柱，柱头多数有卷杀，而以明间 4 金柱形制犹为秀美，略作“梭柱”形，其他抽换的不具卷杀。金柱高 6.20 公尺，檐柱高 3.90 公尺。明间平柱有高 4.005 公尺的，系后来所抽换，它的顶部与平板枋上皮平，与其他诸柱不同。角柱高 3.98 公尺。似有 8 公分之微微“升起”。其“侧脚”计 4 公分。均尚存宋元旧法。（以上柱高皆自地面算起）

柱础形状：（甲）金柱柱础为素覆盆，石广每边 94 公分，覆盆直径 74 公分，上施木鼓一层，直径与覆盆相同，甚觉肥硕。素覆盆的直径与上海真如寺

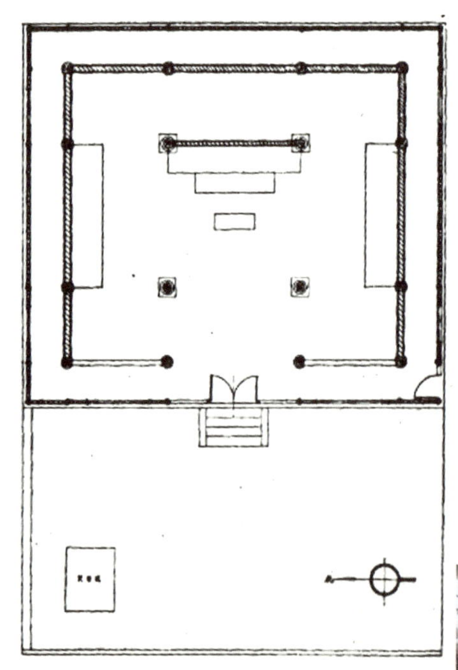

震澤洞庭東山楊灣廟 正殿平面圖

同濟大學建築系建築歷史教學小組測繪

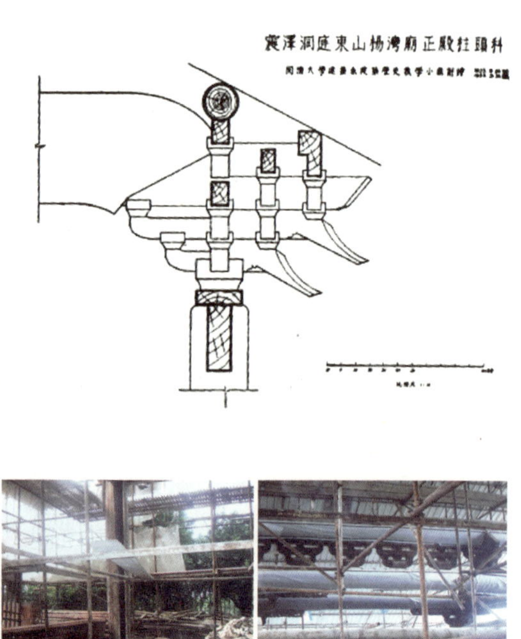

轩辕宫修缮

正殿元构相等，石廣只大 2 公分，可见是当时流行的一种标准尺寸。(乙)檐柱柱础，石制，形和真如寺正殿、苏州府文庙大成殿及双塔罗汉院的石□同，础上施木□一层，高 8 公分，直径 40 公分，与柱径同。

斗栱下施薄而宽的平板枋，宽 32 公分，高 10.5 公分，出头刻海棠曲线。宽度已视柱径减少。额枋狭而高，宽 16.5 公分，高 44 公分。出头刻作曲线形，与前者皆略似苏州府文庙大成殿的。穿插枋出头亦刻有曲线。而厢栱上施挑檐枋，直接承椽，亦存古法。

平身科：正面明间计 4 攒，座斗□四角并刻海棠曲线。南北次间各二攒。山面第一间一攒，第二间三攒。至于攒档，明间计 11 斗口，次间计 13.5 斗口，山面的亦与 13.5 斗口相近，布置疏朗，这与真如寺正殿明间攒档 13.6 斗口近似。材宽 10.5 公分，高 15 公分，□高 7 公分，合计总高 22 公分。真如寺材宽 9 公分，高 17.5 公分，二者比例尚近。真如寺斗栱系明构。惟拿苏州虎丘二山门元构斗栱之材宽 13.5 公分，高 18.5 公分，□高 5 公分来比较，则相距甚大。再说攒数，虎丘二山门明间用二攒，次间用一攒，所以它的□衡大，要是拿这个来做证例，好像就不能断定它为元构。但是值得注意的是用“五铺作变下昂”，后尾“偷心”，昂下用真“华头子”及“□楔”，略似苏州元妙观三清殿

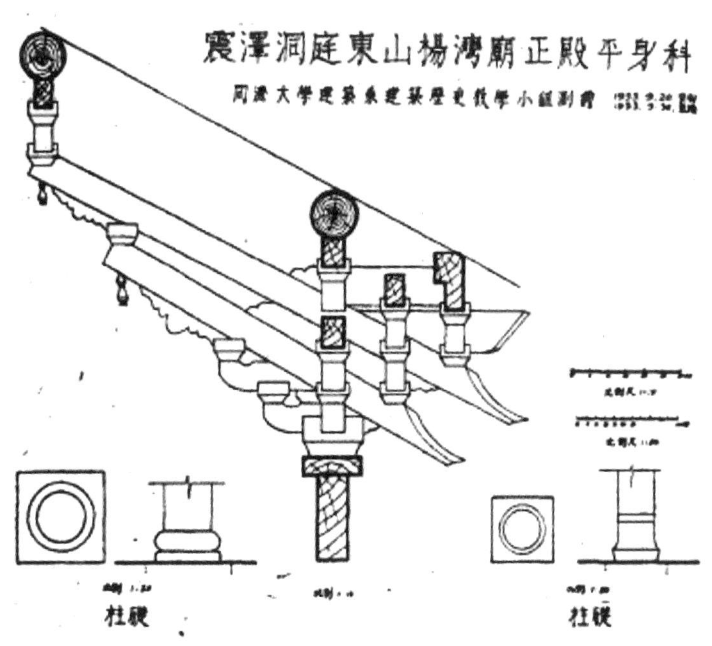

的。后侧的结构，使用不平的“挑斡”二根，一上一下，后尾压在下金檩下，起到了真昂作用。看它的昂嘴□势，及断面形态，又似元制。现存正面明间二攒，南面山面第二间一攒。另一种是将原有重昂的头昂改为假昂，后段“挑斡”变成“上昂”性质的斜撑，未穿过正心枋。“华头子”隐出于昂的斜度，已呈清初式样，因此，我怀疑这是清顺治时席本祯重修时因陋就简的结果。至于柱头科则与平身科采用同样比例，与真如寺相同。它后坐斗出二翘，承载月梁，左右二侧施正心瓜栱、万栱及正心枋，一如常状。

殿进深9檩，系“澈上明造”，无天花藻井。自地面至正脊约高10公尺余，五架梁以上皆清顺治年间重建，现在梁下有捐赠人题名可证。“月梁”“襻间”均完整，明间脊檩上金檩尚有直接施于木上的彩绘痕迹，似系应用原来旧料。明间下金檩用断材，式如虎丘二山门脊檩，此即吴中所称为“断梁”，是因一时觅不到整材出于权宜之计。

此殿建造年代，根据上述各点，并参考光绪《苏州府志》、民国《吴县志》、《太湖备考》等书、碧霞元君祠碑记，建筑物梁枋上的纪年，说明它创自元末，后经明、清二代重修，尤以清初顺治十二年席本祯那一次修建最大，也就是今日所具的规模。斗栱部分尚有疑点，其用重昂，后段皆起“挑斡”的，虽与吴县角直保圣寺及苏州府文庙大成殿的有局部相似，然也只可说是明代的斗栱，尚存宋元旧制，这可能是明弘治、嘉靖年间重修时的。至于头昂做假昂的，则是清初重修无疑了。根据碧霞元君祠内额枋下“鸱夷藏日庙祠随兴，至刘宋元嘉二年乙丑（公元425年）春重建，唐贞观二年修，宋高宗南渡封王再建，元至元四年（公元1338年）修，明嘉靖庚子复修，清顺治六年岁次己丑夏募缘僧崇禄劝众鼎新。”当然唐以前的记载仅见于此，恐难凭信，而殿之创建自元末则是无可否认的。明嘉靖间重修碧霞元君祠碑所载明弘治、嘉靖时的重修，以及正殿脊枋下“元季里人烂炒翁王万一始创，前明太仆寺席本桢同夫人吴氏……清顺治岁次乙未夏……落成。”及北面五架梁下题字“□清顺治乙未岁孟夏吉旦，二十八都胥扶土地界里人姜锡蕃乐施敬志”均能吻合，不过顺治十二年乙未（公元1655年）与六年己丑（公元1649年）相差了六年。

元末至元四年（公元1338年）与真如寺建筑年份延祐七年庚申（公元1320年），只差十八年，何怪其形制上有如许相近之处呢？所以我认为此殿现状创自元末，明弘治及嘉靖十九年重修，到清初顺治十二年经席本祯大加鼎新，到民国 6 年（公元 1917 年）可能加了外围的砖墙。（根据碧霞元君的重建匾额）虽然从清初的重修到现在只三百多年，但它的素覆盆柱础，明间梭形四金柱，及部分未抽换有卷杀的檐柱，可以说是元代旧物，斗栱可能是明构，部分经清初修过的，五架梁以上，全系清初重建。其保存价值是与真如寺正殿相同，正如刘敦桢先生所说："在古建筑稀少的江浙也应保护的。"（见本刊第二卷第八期《真如寺正殿》一文）

此次调查同行的有朱保良君。复承当地农会留宿二夕，亦是值得感谢的。应附记于此。

（发表于《文物参考资料》1954 年第四期）

附 2：吴相伍公庙碑记 ①

吾郡东洞庭山杨湾里有伍公子胥祠焉。公之庙食兹土也久矣。当夫差之赐死，浮之于江，吴人怜之，立祠江上，名之曰胥山。今去郡西三十里地入太湖名胥口者即其处。祠尚存，而祠前古墓，松桧参差，相传以为公葬其下。杨湾之祠，则里人奉为土神，有事祷焉，而又称之曰胥王庙。王爵之封，始于宋高宗南渡时，后人由此，遂仍其号云。壬子夏，山中周宗鲁述其建祠本末，属予记之，伐石以俟。今天下佛，老子宫所在都有，国家禁令擀格不得行。而吾吴习俗，楞枷之山无少长男女，舟车鼓吹奉牲礼以邀福者，春秋无间日，至于聪明正直而为神者，则或黍稷不馨，庙貌不治，沦落于荒烟蔓草之中，呜呼！

不有君子何以反其俗也。唐狄梁公废江南淫祠，而公之庙独与泰伯、季札并垂天壤者，何哉？予尝考公之为人，其始也，出万死一生，忍怨数十年而卒行其志；其既也，竭心于所事，犯颜强谏，被谗杀其身而不悔。由前言之，则为孝子，由后言之，则为忠臣，岂非砥柱人伦而争光日月者哉！往者巡抚大臣治舟师，习水战，大阅于胥口，祠中必祭告然后入。万历间，某巡抚不礼公，坐少顷，若有挞其背者，呕血归，竟死。一武弁守洞庭，有矢溲公墓旁，入舟

① 作者：清朝陈瑚。

狂叫，不逾时亦死。乙酉秋（1645），黄蜚兵泊太湖，将不利于洞庭，夜见神火满山，疑有备也，不敢动，盖其灵异如此。呜呼！公之精诚气焰足以感人者，赫赫在天地之间，岂其与山魈泽怪较长短、争有无，而暗哑叱咤，以祸福惊动恐惧人以食其土。然匹夫匹妇多好以此称公，予故不得而略也。

◉ 明善堂

位于杨湾上湾村，杨湾古道东侧，建筑面积570平方米，建于明末，保存有东西两路建筑，共有门屋、轿厅、大厅、花厅、边屋等房屋十多间，门楼、厅堂、花厅雕刻极为精致，为东山地区明朝民居的代表作，2006年公布为全国重点文物保护单位。

明善堂的具体建造年代没有记载，但从房屋风貌、结构及梁架上的彩绘可看出属明代建筑。该宅是进士张延基的故居。张延基是明末清初杨湾人，清顺治九年（1652）进士，历官山东蓬莱、四川石泉知县，晚年致仕归故居明善堂，这座古宅的始建年代在清

明善堂砖雕门楼（2015年）

明善堂边屋（2015年）

明善堂大厅（2013 年）

顺治年前。1921—1949 年，明善堂一直是杨湾小学的校舍，先后办过朱氏鉴塘小学、私立慕塘小学、上湾小学等学校。新中国成立后，明善堂先后是杨湾小学、后山中心小学、后山小学、上湾小学等学校校舍。1980 年，杨湾小学搬迁新址，明善堂全面修缮后辟为旅游景点，并对游人开放。

整体布局 该宅分东西两路建筑，进大门跨过院折东为东部主轴，院门二重，其间两侧分筑轿厅、花厅和小花园。第二道院门后跨过大院为大厅，前用雕砖照墙封围，后面左右有厢房，再过一道院门为楼厅遗址。各进建筑多以墙垣隔成院落，大小天井多达 15 个，以解决通风、采光及排水等问题，有的还点缀小型假山和花木，以美化宅院环境。

建筑艺术 因地制宜，依山而建，地形高差较大；外墙上开博风望洞，窗户少且较小。装饰特色：以砖雕、木雕、石雕、彩绘为主，题材多为祈祷五福祥瑞的民间传统题材，内容有花卉、鸟兽、人物、戏曲、典故等。建筑装饰以门楼为重点，外朴素简洁，内丰富细致。梁架木雕较少，多集中于构件交角处，梁体本身多为素面，极少雕刻。仪门上方的砖雕和大院四周屋檐下的清水砖雕，是明善堂的精华。门楼南北两面筑有砖仿木构形式的牌楼，有垂莲柱、枋子、斗拱、飞檐等。正面门上正中匾额刻“笔锭胜天”四字，额四周精雕各种图案，门内两边和回绕院子的墙垣均用磨砖贴面，下置青石镌刻

明善堂梁上彩绘（2015 年）

明善堂后门楣浮雕（2015 年）

成的须弥座。整座门楼与四周砖雕，其雕法均细腻而有力，刚柔兼之，为明代砖雕中的精品。

大厅面阔三间，前轩后廊。梁柱用料粗大，厅内满铺斜纹形方砖。大厅内有一对名扬千古的抱柱联：积金积玉不如积书教子，宽田宽地莫若宽厚待人。体现了主人重教重德的儒商身份。屋架上的斗拱、替木（连机）、轩梁、梁垫、山雾云等均加饰木雕，雕工细巧，构图疏密与刀法深浅得当，加上普施松子纹、包袱、箍头和“七朱八白”等彩绘，使之成为一座集砖雕、石雕、木雕和彩绘并举的艺术厅堂。大厅和住楼相隔的后门楣上，有一长方形青石，上镌刻着一幅浮雕，一獾、一鹿、两雀，四只小动物如同时受惊吓，欲飞欲跳，极为逼真。内含“欢（獾）天喜地、喜上眉（梅）梢、双喜（鹊）临门”三个成语，为石雕中的精品。东路建筑有花厅、佛楼、厢楼、厢房和一些辅助建筑。另外，在明善堂天井和东部小花园内，还长有一株 600 年树龄的黄杨和两株 400 年以上树龄的蜡梅与山茶，每至 4 月，山茶同株开出红色、白色茶花。

保护修缮 明善堂最后一位主人叫朱鉴塘，杨湾沪地丝绸商人。约 1920 年，朱氏见杨湾文化落后，农家子弟未能受教育，遂从张氏手中购得明善堂，于 1921 年在明善堂内创办了私立鉴塘小学，入学者书费、学费全免。1940 年秋，一位日本古董商人，找到了在沪经商的明善堂主人朱润生（朱鉴塘之子），软硬兼施，要用 2000 块银圆买下明善堂，被严词拒绝。

新中国成立后，明善堂一直作为杨湾小学校

舍使用。1982 年该宅列为江苏省文物保护单位后，吴县文管会和东山镇、杨湾村联手制定保护措施。确定重点保护范围：东至围墙外道路东侧，西至竹园西侧，东西距离 60 米；南至大门外道路南侧，北至围墙外 1 米处，南北相距 65 米。一般保护范围：东至重点保护范围 22 米处，西到重点保护范围西 8 米处，南至王新民、王建林住宅南，北至重点保护范围北 24 米处。建设控制地带：一般保护范围外四周 30 米。

1980 年杨湾小学搬迁新址。1988 年，县、镇两级政府投入 2.5 万元，整修明善堂大厅屋面、边房、围墙，购置明清家具，把该宅辟为旅游景点，并对游人开放。2006 年，明善堂公布为全国第六批重点文物保护单位，古宅保护更上一个新台阶。2014 年下半年，苏州太湖旅游发展集团有限公司投入 300 万元，对明善堂进行全面修缮，其中包括修缮全部屋面，采用压密注浆保守方法修复砖雕门楼，在整幢古宅中增设排水系统，使之常年保持干燥。同时，还搬迁了西侧附房中的两家住户，使之更有利于古宅保护。2015 年 12 月，江苏省文物部门通过了对明善堂全面修缮工作的验收。

◉ 怀荫堂

位于杨湾浜场北面，杨湾大街西侧。建于明代中期，为周芝山后裔所建。据清光绪《杨湾周氏家谱》记载，五世周昌，字孟文，号云峰。幼有志操，好读书，善商贾，足迹半天下。中年后亦儒亦商，家业兴盛。晚年归里修屋，曰怀荫堂。后邻众推其为赋长，他把家宅作为管理粮税的地方。周昌生活在明嘉靖年间（1522—1566），怀荫堂的建造时间为嘉靖晚年。20 世纪 70 年代末，东山供销社在怀荫堂开办了杨湾书场。1982 年，怀荫堂列为江苏省文物保护单位。2006 年公布为全国重点文物保护单位。

怀荫堂二门（2015 年）

怀荫堂楼厅（2015 年）

怀荫堂大厅（2015 年）

建筑艺术 怀荫堂的建筑风格与安仁里严氏秋官第瑞云楼极为相似，虽规制不大，但房屋布局、结构及梁架均十分紧凑，体现明代早期的建筑风格。其堂东侧的大厅、花厅及一些附房虽毁，但分布在主轴线上的门楼、住楼和左右对称的厢房仍保存较为完整。门楼三间，为结构简洁的皮条脊，砖刻朴素无华，规制小而低矮。门楼上边有小巧

怀荫堂住楼（2015 年）

的照壁。除框柱边饰外，已改为混水做法。照壁下有类似“圭脚”形式的砖雕一条，花纹分为三组，中间一组较长，两端较短，为折枝灵芝花，砖刻线条深而流畅。

楼屋面阔三间，进深七檩，是怀荫堂的精华。通面阔 12.35 米，明间阔 4.45 米，次间阔 3.95 米。通深 7 米，前廊深 10.5 米，后廊深 0.8 米，前后金柱间距离 5.15 米。梁架为抬梁式。明间与暗间构一缝，施金柱 2 根，金柱下有扁鼓形木础，下端柱径 32 厘米，用材较粗壮，上端有收分，柱头带卷杀，置座斗，并出丁字拱，承托四椽栿。梁肩上，置荷叶墩与大斗，承平梁，架上金檩。平梁之上，又置荷叶墩与一斗三升拱，施连戟，承脊檩，并设有山雾云护脊。整个结构非常稳固。二楼的梁架结构比较简单，各施柱 7 根，置斗，直接承替木与檩。柱与柱之间，分别有穿插方和扁薄的月梁相攀连。外砌带有砖博风的山墙。楼下一统三间，楼上以板壁隔为三间。槛窗的形式为五抹头豆腐格子隔心的小窗。楼下出檐较深，檐柱上出一斜撑，支承挑檐方和檐檩。斜撑的做法较有特色：檐柱中出丁头拱两面起翘，上架饰有麻叶云的“耍头”，支斜撑木杆，木杆饰海棠曲线，上端置小斗，承麻叶云耍头，再置荷叶墩和一斗三升斗拱，架替木及挑檐枋。整个斜撑制作十分精细。

怀荫堂雀宿撑（2015 年）

保护修缮 1985 年前，怀荫堂产权属东山供销社，开办过杨湾书

怀荫堂边楼（2015 年）

场，人居活动客观上保护了这座明代古宅。书场停办后，因长期空关，房屋逐渐损坏。至 2000 年，二楼西山墙部分坍塌，二门顶部青石门楣断裂，整座古宅成危房。2002 年，省文物保护部门拨款对怀荫堂进行保护性修缮，使整体结构保存基本完好。并制定保护措施，划定保护范围。重点保护范围：东至围墙外张阿三店，即集体商业店西侧，西至围墙外杨湾供销社书场东侧，东西距离 17 米；南至围墙外横街北侧，北至后院围墙外小巷南侧，南北距离 32 米。一般保护范围：东至杨湾大街西侧，西至重点保护范围外 10 米，南至横街南侧，北至小巷北侧。建设控制地带：一般保护范围外四周 20 米。

古村保护

杨湾古村落的保护始于2005年，是年6月，杨湾被列入苏州市首批控制保护古村落。2006年，东山镇政府组织对杨湾古村内文物古迹全部造册登记，其中文物保护单位和控制保护建筑全部挂牌保护。2007年12月，编制完成《苏州市东山镇杨湾古村落保护与建设规划》。2016年6月，苏州市十五届人大常委会第二十九次会议通过《苏州市东山镇杨湾历史文化名村（保护）规划》的决议，杨湾古村保护工作迈上新台阶。

◉ 总体规划

杨湾村编制过两次关于古村保护的总体规划。《苏州市东山镇杨湾古村落保护与建设规划》于 2007 年 9 月由苏州市规划设计院编制，当年 12 月完成。《苏州市东山镇杨湾历史文化名村（保护）规划》于 2014 年 5 月由苏州市规划设计院编制，2015 年 3 月完成；2016 年 6 月，苏州市十五届人大常委会第二十九次会议通过。规划确定古村的功能定位，保护重点，完善基础设施，对历史文化名村的空间格局、传统风貌、建筑整治提出相关保护要求，并对用地规模、人口容量、公共空间规划做了明确规划。

《苏州市东山镇杨湾古村落保护与建设规划》 保护范围为整个杨湾行政村，包括原杨湾、上湾、屯湾 3 个村，面积约 12.4 平方千米。重点规划保护范围为杨湾历史文化名村所在自然村及周边控制区域，包括杨湾、上湾及大浜自然村，面积约 50.3 公顷。核心保护区域以杨湾浜场为中心，东至大浜村，西至怀荫堂西环山公路，南至杨湾港，北至上湾村轩辕宫，核心保护区面积 9 公顷。

对怀荫堂、明善堂、轩辕宫正殿 3 处全国重点文物保护单位，严格按照《中华人民共和国文物保护法》予以保护。苏州市文物保护单位及控制保护建筑，规定不擅自拆除或迁移易地，不随意改变和破坏原有建筑的布局、结构和装修，不任意改建、扩建。对新发现文物点安庆堂、崇仪堂、遂祖堂等 21 处古民居，保护其外观风貌，不得整体拆除。鼓励村民积极自愿参与到古村环境整治保护工作中，按照一定的维修标准统一进行修缮，包括立面整治、按传统铺砌式样更换地面铺装、庭院空间整治、改造围墙、更新雨篷等。对一部分年久失修的传统民居，采用多元化筹资修缮，对保存较好的老宅进行立面修复与整治、增补庭院绿化、体量与色彩控制、内部设施完善。

《苏州市东山镇杨湾历史文化名村（保护）规划》 规划范围为杨湾历史文化名村及周边需控制区域，面积约 50.3 公顷，核心保护区面积为 9 公顷。杨湾村的功能定位为：传承“千年古村，商帮名村”的文脉特色，塑造展现山水风光魅力、传统商贸风情、吴地民居生活为特色的古村落。

杨湾村保护重点是保护古村“扶山而坐，扼水而居”的整体格局；保护由杨湾村沿古道向北延伸至陆巷村的传统风貌带；保护“十”字古街，18 条巷弄的整体空间格局；保护文物保护单位、控制保护建筑及优秀传统建筑，其中全国文物保护单位 3 处、市级控制保护建筑2处以及24处新发现文物点和20余处传统风貌建筑；保护商帮文化以及碧螺春制作技艺、猛将会、民风民俗等非物质文化遗产。

附1:《苏州市东山镇杨湾古村落保护与建设规划（部分）》

东山镇政府制定，2007年1月实施。

共分：总则、现状概况、历史文化价值评估、古村发展策略、保护框架规划、保护等级与范围、非物质文化遗产保护、用地调整规划、道路系统规划、建筑的保护与整治、建筑高度控制、人口容量调整与居住模式探讨、空间景观规划、绿地系统与生态环境规划、旅游发展规划、建设整治规划、市政公用设施规划、消防及防洪规划、近期实施规划、规划实施措施等20章，69条。

第一章　总则

1. 本次规划的具体范围包括杨湾村东至自然山体，西至环山公路以西约100米，北至轩辕宫，南至环山公路约40米（详见古村落保护范围划定），规划总面积46.99公顷，其中，重点保护区面积9.00公顷；村落传统风貌协调区面积37.99平方千米。

第二章　现状概况

1. 杨湾古村落现有国家级文物保护单位三处，控制保护建筑两处，以及十余处历史建筑，至今村落内大部分建筑保存完好。古村落完全处于群山环抱之中，与太湖岸相距有数百米之远，使得村落隐在林中，提高了抵御外来灾害的能力。

第三章　历史文化价值评估

3. 古村落建筑的布局、用材、尺度、风格与周边环境均浑为一体。建筑古朴、自然得趣。斑驳的泥墙风骨犹在。村中是蜿蜒的山坡小路，青砖铺砌的路面，路旁的民宅散漫分布，透出几分优雅和自在，别有韵味。

第四章　古村发展策略

2. 充分利用历史建筑。让历史建筑得到永续利用，为现代人服务。但防止过分追求经济效益而带来的生态环境恶化。

6. 双向互动，形成保护和开发的良性循环。把旅游业作为新的经济增长点来培育和发展，打好、打响旅游品牌，走保护—开发—利用—发展—保护的良性循环发展之路。

第五章　保护框架规划

1. 自然环境要素——指对古村落的自然特征的保护。

2. 人工环境要素——反映对杨湾村以山体为背景，以古村落为核心，对传统民居群落、特色民居以及各类文物点的保护。

第六章　保护等级与范围

1. 杨湾古村落内重点保护区域是以“明代一条街”为核心整体风貌完整的区域，总用地面积为 9.82 公顷。

第七章　非物质文化遗产保护

1. 民俗文化展示　包括民族节庆时民俗活动展示以及部分民居内祭祖、敬神、祈祷、婚俗等自发性民俗活动的展示。

2. 湖鲜饮食文化　突出家乡口味，主要利用当地水产如莲藕、莼菜等和鱼鲜为原材料，注重不同时令的变化。丰富原有的特色饮食，尤其是已经名闻遐迩的“太湖三白”等。

3. 传统工艺　恢复部分富有生活情趣的传统工艺店，如雕刻店、古玩店、手工艺品等，制作者可以现场加工，边制作边卖。

第八章　用地调整规划

2. 将怀荫堂、晋锡堂、崇本堂等原来作为居住使用的文物建筑调整为文物古迹用地。

4. 沿杨湾街两侧恢复一部分商业用地，将明善堂南侧空地规划为商业用地。

第九章　道路系统规划

1. 杨湾街是一条贯穿整个古村落的主要通道，对其进行局部拓宽，规划作为村内主路，基本宽度维持在 3 米左右。

2. 保持村落内其他巷弄线型宽度不变，整治巷弄铺地用材以青砖铺砌为主。

第十章　建筑的保护与整治

1. 保护——针对文物保护单位、控制保护建筑以及传统风貌建筑中建筑质量和建筑风貌都较好的建筑群。

2. 改善——针对传统风貌建筑。原有建筑结构不动，局部修缮。重点对建筑内部加以调整改造，配备厨卫设备，改善村民生活质量。

3. 整饰——针对与传统风貌有一定冲突的一般建筑，采取外立面整饰、降低层数，使其与传统风貌协调。

第十一章　建筑高度控制

1. 文物保护单位、控制保护建筑、主要历史建筑物及重要的街巷两侧的建筑高度，应维持现高。

2. 重要保护区内建筑高度控制为 1 ~ 2 层的坡顶传统建筑，该区域内新建、重建的建筑檐口高度不超过 6 米，整治类建筑檐口高度控制在现状建筑二层檐口高度。

3. 传统风貌协调区内新建、重建类建筑层数控制在 2 层，檐口高度不超过 9 米。保留、整治类建筑层数控制为 3 层，檐口高度不超过现状建筑的三层檐口高度。

第十二章　人口容量调整与居住模式探讨

1. 改善居住条件并鼓励原住村民继续居住，鼓励现有传统商业、服务业、手工业店铺继续经营，恢复前店后宅、下店上宅等传统的经营模式。

第十三章　空间景观规划

1.“两带”即“十”字形的两条传统风貌展示带，也是村庄内部商业服务业等公共设施集中的两条带。

2.“七节点”即打造七个重要节点空间，包含南北两个入口空间，作为村民活动和游客集散、休憩的空间载体。

3.“十八古巷”即由古街向外延伸的十八条历史古巷弄。

第十四章　绿地系统与生态环境规划

2. 利用街头转角、滨河空地、宅旁空地等公共开放空间形成小型街头绿地，种植单株植物，形成视线吸引点，增加座椅等设施成为游客及居民的休憩场所。

3. 强化庭院绿化，形成景观细部。调动居民的积极性，自发整治庭院空间环境，增加植物、盆栽、座椅、花墙及花窗等，也可沿墙种植攀缘植物，适当点缀垂直绿化。

第十五章　旅游发展规划

1. 长圻片区结合东山杨梅观光果园，打造集旅游度假区、采摘体验区、生产种植示范区三者于一体的特色观光休闲区。

2. 西巷、屯湾、湖沙等村庄为基点，重点发展美丽乡村观光休闲旅游和农家乐、渔家乐体验等。

3. 渡水港以南西大圩区域重点发展现代生态农业，同时结合发展农业体验等相关旅游项目。

第十六章　建设整治规划

1. 控制杨湾码头及村庄入口广场对演武墩、湖沙山的两条景观视廊，整治超高或风貌不协调建筑，保护山体地形地貌与植被，禁止采石或取土。

2. 控制轩辕广场对演武墩、湖沙山的两条景观视廊，整治超高或风貌不协调建筑，保护山体地形地貌与植被，禁止采石或取土。

3. 内部沿翁家巷、陆家巷、全家巷等多条纵向巷弄形成次要景观视廊，保护“黑瓦白墙夹青山”的景观效果。

第十七章　市政公用设施规划

1. 路灯、果皮箱、垃圾收集箱、消火栓、公厕、指示标牌等应从形式、色彩、风格方面表现村庄特色，做到功能与形式的统一。

2. 保护街巷路面铺装，对场地及绿地周边地区的地面进行重新铺砌，尤其是应该将原有被水泥砂浆覆盖的历史铺装，恢复原有铺装形式，并将缺损之处加以修复。

第十八章　消防及防洪规划

2. 沿主要街巷设置消火栓，消火栓保护半径为50米，区内街巷主要为消防人员通道，保持全天候畅通，方便消防人员及手推水带车进入。

3. 建立重点保护单位名录，对文物古迹及重要的公共建筑消防安全设施、管理进行实时监控，强化重点保护单位的消防建设。

4. 核心保护区范围内的空旷地段和文物保护单位、控制保护单位及其他重要公共建筑区，院内设置一定数量的消防备用水池、砂池或砂桶。

第十九章　近期实施规划

1. 近期保护整治区域为核心保护区范围，重点整治“十”字古街两侧风貌不协调建筑和整体风貌。

2. 搬迁村内文物保护单位、控制保护建筑及其他传统建筑内散居住户，修缮破损构件，恢复历史原貌，植入引导功能。

4. 实施村庄南入口即码头、浜场等周边区块的建设，整修杨湾码头，整治周边环境，完善旅游配套设施与标识，提升入口形象。

第二十章　规划实施措施

1. 加强古村落文化遗产管理，建立文化遗产保护档案

逐步建立古村落文化遗产保护档案，对古村落实行分级保护，对不同价值的古建筑制定详细的保护档案，分定等级，运用微机进行管理，跟踪其变化情况，及时采取相应的保护措施。

6. 政府主导、农民参与、构建平台、加强培训

通过多种途径加强对农民素质、道德、能力等方面的培训。通过信息平台的构建，促进旅游服务业健康有序发展。

◉ 整治措施

工厂搬迁　上湾钣金厂，原属村办企业，1997 年转为民营企业，位于杨湾环山公路旁，与古村保护及乡村旅游不协调，2006 年从杨湾村搬入东山镇工业区。东福电子厂，建于 1983 年，原属校办工厂，1997 年转为民营企业。该厂建在杨湾张巷古村，2008 年搬迁至东山工业科技园。

“三线”入地　2010—2016 年，投入 3981 万元，拔除核心保护区内主要街巷及自然村内所有电线杆，实施“三线”（电线、有线电视线、电话线）入地，“三线”共长 10.8 千米，其中核心区杨湾至上湾古道 7.9 千米，西巷、寺前、石桥等自然村 2.9 千米。核心区景点沿线，硬化主要道路 19500 平方米，两旁装上古色古香的路灯 247 盏。雨水、污水接管，生活垃圾统一收集处理，新增绿地 22300 平方米，完善了古村环境建设。

河道清淤　2014 年起结合国家“美丽乡村建设”和苏州市“三星级康居村”建设，村里加大对杨湾境内港河清淤、砌石岸工程的投入。对杨湾港、油车港、湖沙港、久达港 4 条古港进行大规模清淤，同时在两旁砌了石驳岸，绿化两边主要河道，配备河道清洁员，做到河道净化，无污染源。2010—2016 年，村里共清淤河道 11 条，1700 米，投入资金 500 多万元。

◉ 设施建设

道路交通 境内沿湖有环山公路贯通，交通便捷。环山公路杨湾段（杨湾、上湾），1976 年筑成路基，1979 年 9 月路面竣工，汽车可环山通行。1995 年环山公路拓宽，从岱松村湖边至杨湾，路面由原来的 4 米拓宽至 9 米，并浇筑水泥路面。2008 年起，环山公路拓宽延伸至杨湾长圻沿湖地段，新增 3600 米。至 2016 年，杨湾境内公路全长 7250 米，宽 10.75 米，双车道行驶。设 5 个公交站点，其中 4 个沿环山公路设置，1 个位于村庄南侧游客服务中心；新设 3 个公共自行车点，分别位于游客服务中心、村庄南入口（杨湾码头）和轩辕宫前。

杨湾村道（一）（2013 年）

杨湾村道（二）（2015 年）

修复古道（2013 年）

屯湾村道（2016 年）

西巷村道（2016 年）

邮政电信　邮政电话由东山镇邮电支局负责，村内固定电话容量为600门，移动电话容量为720门，有线电视终端总容量为720个。村内根据具体地块情况设置户外电话交接箱，由交接箱接入各用户点。有线电视由东山镇广播站机房接入，有线电视入户率100%，根据用户使用情况设置有线电视光接点。保留改造现有邮政所，作为古村内邮政服务中心。电信线路由环山公路引入，各线采用同管道不同线路，沿各街巷地下埋设。

供电给水　1985年东山电力扩容，分4条线路输送，杨湾线供电杨湾片5个生产大队，近30个自然村。1998年，东山进行电网改造，用电设施和电力由镇供电所统一管理，新增变压器，改造配用线路，设置路灯，村民家家换上新型电子式电能表。1999年起，村内各主干道内安装路灯。2016年，新增变电所2座。新建电力线路采用架空和电缆埋地敷设相结合，重要旅游街巷架设空线，并逐步改为地埋线。

1993年东山镇建自来水厂，取太湖水源，经过滤消毒，用大管道供应镇区及周边农村。2011年，村里投入38.8万元，铺设西巷自来水管道与雨水管网。2012年，投入29.7万元铺设石桥村灵源寺管道。2014年，投资41万元铺设大浜村管道，并完成石桥与张巷管网工程。2015年投入88万元，完成上湾、大浜、石桥等自然村饮水和水利改造工程。自来水入户率达98%，2009—2015年新装60户，入户率100%。

污雨水处理　2007年全村实施改厕工程，统一改造成三格式化粪池，计改造800多个，无害化卫生户改厕率100%。2013年建长圻西巷污水处理站，引进全新德国技术生产分散式中小型单元式污水处理系统，日处理污水量90吨。经系统处理后的水质指标

污水处理设备（2016年）

污水处理后的清洁水（2016年）

达到国家二级以上，符合直接排放标准，为吴中区及太湖流域农村小型污水处理示范点。雨水排泄按就近排入水体的原则分散排放，临河街巷依托路面纵坡、横坡路面直接进入水体。庭院内部铺装采用透水材料，雨水直接渗入地下。防洪规划按 50 年一遇防洪标准设防。排涝标准为 20 年一遇最大 24 小时降雨不漫溢。保护和充分利用遗存历史排水沟或水涧，对损坏或不畅区段进行修复，恢复其排水功能，为村庄特色景观。

卫生保洁 2012 年成立由村总支书记为组长的爱国卫生工作领导小组，制定《杨湾村环境整治工作方案》，设立社区巡逻站、社区卫生服务站等日常机构，设专职工作人员 16 名，保洁全村大街小巷。新建 7 个自然村垃圾中转站，在主要路段两侧及各自然村放置 90 多个小垃圾箱，垃圾日产日清，每天清除垃圾 2.9 吨。2014 年建立餐厨垃圾中心处理站，日处理能力 0.5 吨，餐厨垃圾可生产有机肥料供绿化使用。推进农业清洁生产，加强对化肥、农药、农膜、饵料、饲料添加剂等农业投入品的监督，健全化肥、农药销售登记备案制度，禁止将有毒、有害废物用于肥料或下地。

附 2:《杨湾村村庄环境整治村规民约》

为切实做好村庄环境整治工作，有效地改善村容村貌，提高村民生活质量，优化人居环境，根据本村实际情况，经村民代表大会讨论通过，制定本村庄环境整治村规民约，请全体村民共同监督遵守。

一、凡居住在本村庄内的全体人员都有责任和义务执行本村村规民约。

二、积极参加卫生活动，参与和支持农村环境卫生改造，养成良好的卫生习惯。

三、落实门前“三包”(包卫生、包秩序、包绿化)责任制，生活垃圾定点存放，杜绝垃圾乱扔、粪便乱排、柴草杂物等乱堆乱放现象。

四、家禽家畜集中圈养，不得散养，狗须拴养，死禽死畜要深埋。

五、确保村内道路及两侧和公共场所卫生整洁，无粪堆粪坑、无散养牲畜、无私搭乱建现象、无柴草垛、无垃圾，保证道路畅通。

六、保持河道清洁，不得将垃圾、农药瓶和农田杂草等一切杂物倒入各大小河道。

七、自觉维护村内绿化地段的树木，不乱砍乱伐树木，保持绿化地段无杂物、无杂草、无垃圾，确保树木生长旺盛，没有枯树枝，树木及时修剪。

八、严禁焚烧秸秆，村民有义务进行监督举报，对违反规定的农户给予相应处罚。

九、自觉维护好村内公共设施的完好性，不得随意破坏垃圾桶、垃圾池、绿地、路灯等配套设施。

十、村委会定期进行卫生评比，并把评比结果在公示栏上公布。被评为“不清洁”的农户给予相应处罚。

十一、违反上述规定者，责令其限期改正，并视情况给予警示教育，严重情况者追究相关责任。

十二、本村规民约如需修改，需经村民代表大会讨论通过。

十三、村委会负责监督本村规民约的实施，并有权对违反者采取处罚措施。

十四、本村规民约自公布之日起实施。

杨湾村村民委员会

2012 年 6 月 22 日

古建筑维修

采用政府拨款、村级筹资和利用民资等方法进行修缮，2007—2016 年，杨湾村共筹资 4584 万元，先后修复与修缮轩辕宫、明善堂、怀荫堂、石桥、杨湾古道、古商铺、上湾明代翁宅、纯德堂、承志堂等古建筑。

修缮后的杨湾古道（2015 年）

政府修缮 从 1975 年起，省、市文物保护部门对轩辕宫正殿、明善堂、怀荫堂全国重点文物保护单位进行多次修缮。2007 年，吴中区文管部门筹资 52 万元，修复从杨湾浜场至崇本堂长 220 米的古街道，面积550平方米。位于上湾村陆杨古道旁的翁宅，是在第三次全国文物普查中于2008年新发现的一幢明代翁宅，但年久失修极为破旧，2015年，苏州太湖旅游发展集团有限公司投入200万元，对其住楼、门屋、砖雕门楼等进行落架维修，恢复了原

修复翁宅（2015年）

修复步行街（2016年）

貌。2016 年 1 月，苏州吴中区太湖古村旅游发展有限公司，投资 3200 多万元，对杨湾村内南北长 960 米的明代杨湾古道，东西长 501 米的明清古道，加上道旁 18 条古巷古弄，全部进行修缮，铺上了古色古香的小青砖道，至年底全部竣工。12 月 20 日，杨湾步行街修复竣工并投入使用。该工程 5 月 20 日开工，历时 7 个月，总投资 500 多万元。长 400 米，宽 8 米，全用花岗石铺筑。入口处建有一高大牌楼，沿杨湾港筑有路亭、水榭、曲廊。

村级筹资 石桥村震泽底定桥筑于南宋，桥上的古亭建于清乾隆年间（1736—1795），因年久失修，桥亭已岌岌可危，2008 年区、村筹资 11 万元，把桥亭落架修缮，更换了 2 套横梁、4 根立柱、5 根桁条、100 多根椽子，增添 6000 多

修复居巷（2015 年）

块（张）砖瓦，使这一已有数百年历史的桥亭恢复了原貌。从2014年起，村里筹资337万元，对杨湾、大浜、石桥、张巷等自然村131幢沿陆杨古道的古宅进行立面改造，其中杨湾、大浜村古宅改造建筑面积达15.1万平方米，有明代怀荫堂、清代崇本堂、仁剑堂、务本堂及周泰森粮店、永大衣庄、任记面馆、公泰肉铺、王氏义庄等一大批清末民国初的店铺。张巷村、石桥村古宅改造建筑面积25575平方米，有纯德堂、明德堂、久达堂、怀庆堂、集庆堂、丰盛大楼等一大批明清建筑。同年，村里还投入资金122万元，落架修复了杨湾古街东侧的清代古商铺，有日用品商店、生产资料商店、食品商店等12间民国前的老房屋，建筑面积474平方米。2015年，村筹资52万元，对寺前村宋代古石桥——香花桥进行修缮，并在古桥四周修砌驳岸，修复青砖古道，恢复古石亭，使之成为一处观光景点。

寺前景区（2015年）

修复古商铺（2014 年）

寺前村道（2016 年）

修复西巷村道（2015 年）

修缮承志堂大厅（2015 年）

民资修缮 张巷村的恬澹堂，为清代早期建筑，原规模宏大，现保存的一幢前住楼，面积 335 平方米。因长期无人居住，年久失修而极为破旧。2010 年苏州王姓商人购买后，耗资 100 多万元进行全面修缮，基本恢复了原貌。承志堂，又名金碧山庄，位于杨湾石桥村，民国建筑，建筑面积 1905 平方米，房屋

修缮纯德堂后廊（2016 年）

基本完好。原为清末民国初沪地大商人王宪臣故居。新中国成立后，王氏家族大多外迁苏、沪等地，该房长期空关，滋生白蚁，成了危房。2006 年在村委会的帮助下，上海一钱姓医生购买后对房屋部分进行修缮。2014 年又耗资 100 多万元，全面整修了这幢老宅，成为杨湾古村落的民国代表性建筑。位于张巷里的纯德堂，清代建筑，面积 1256 平方米，2009 年列为苏州市吴中区文物保护单位，因年久失修部分房屋损坏严重，2015 年上海吴姓商人购买后，先后投资 1200 多万元，分两期对老宅进行全面修缮，于 2016 年竣工，使之恢复原貌。杨湾刘公堂是古村的一处清代宗教建筑，民国李根源《吴郡西山访古记》中有该庙的记载，当时名为“刘公庙”。新中国成立后刘公堂先后作为生产队仓库和供销社商店，后来因房屋长期空关而严重破损，2009 年村民捐资 20 多万元，把房屋修缮一新，成为村人节假日的一处活动场所。

新修的杨湾刘公堂（2016 年）

江陵秋艳（2014 年）

乡村旅游

远在春秋吴越时，杨湾就是吴国重要的军事前哨，是吴王及其权贵的游猎娱乐场所，自然景观遍及全境。清康熙三十七年(1698)，翁澍著《具区志》首列“东山十景”中，杨湾“长圻探梅”居东山第一景。宋、元、明、清历朝大官宦、商人、乡绅都在杨湾大兴土木，营建楼台亭榭，形成衣冠礼乐、博彩人文的大邑之风和众多的名胜景观。

◉ 杨湾八景

历史上隐居及迁居杨湾的达官贵人、文人骚客、商贾巨富在村中留下了诸多足迹，明清时就有“杨湾八景”等胜迹。2016 年，在美丽乡村建设中，杨湾古村旅游发展有限公司根据杨湾的环境变迁，组织村民和游客评选，重新定出铜鼓点兵、灵源钟声、能仁怀古、碧云探幽、明清古街、岭下梅林、西巷蛙声、万家灯火“杨湾八景”。

铜鼓点兵 “演武墩边拥彩旌，敢因清晏废戎韬。炮声远过长圻嘴，知是舟师训水操。”清初诗人吴庄的诗作，为山清水秀的铜鼓山，增添了几分壮观。春秋吴越练兵遗址，为杨湾最古老的景观。该小岛南面为茫茫太湖，北面与长圻嘴相连，是湖畔一座露出水面的岩石墩，墩中空，行走其上，便有“咚咚”之声，如击战鼓。湖光山色尽收眼底，尤其在风猛浪高之日，波涛汹涌，震撼山岳，慑人心魄。据说春秋时吴国常在此操练军队，战鼓总是响个不停，将士极为疲乏却无法停下。后来操练收兵了，战鼓还在响，细听是从地下传出来的，因此得名，已辟为游览景观。

远眺铜鼓山（2014 年）

恢复中的灵源古寺（2015 年）

灵源钟声 “蒲团对语僧围烛，菊宴分题客咏秋。怪是思清还废寝，钟声为破小堂幽。”这是吴中四才子之一的徐祯卿当年游览灵源寺留下的诗作，描绘了夜听灵源钟声的情景。灵源寺遗址、罗汉松、灵源泉、碧螺峰组成一组古景观。山顶演武墩，又名烽火台，俗称阿五墩，东周遗址。为春秋时吴越两国交战时的军事设施，从东至西共有 3 座古代人力堆成的椭圆形大土墩，面向太湖，即古代越国方向。演武墩四周有石墙围，其墙厚 0.5 米，遗址面积 780 平方米，仍不失当年风采，常吸引游客到此探幽。

能仁寺遗址（2016 年）

能仁怀古 “小槛浮空秋水阁，虚庭落影夕阳松。泗州名在池无塔，饭石师归寺有峰。”这是明代文徵明游览能仁寺的诗作，描写了该寺清幽环境和古迹，读来使人身临其境。该寺位于长圻山上，可南望浙江（古时越国），西眺三山。春秋吴越时为吴国屯兵之地，故又称屯湾；宋元时是中原移民迁居东山及苏州的驿站，附近有李湾、南堡等消失的南宋古村；明清时是达官贵人与文人雅士的游览胜地。其景观 2015 年得到恢复。

碧云探幽 “秋日寻幽结伴来，碧云洞口偶徘徊。湖波辽阔山光淡，遥见风帆一例开。”碧云洞为东山唯一洞穴，且为黄石山洞，极为罕见。洞虽不大，但颇幽邃，深不可测，古今无人入深处探险。湖光山色唯此独佳，今洞口古迹已得到恢复，可导游踪。

碧云风光（2013 年）

明清古街 “朱窗玲珑碧砌幽，青山西面水东头。杨湾风月三千顷，总是门前一段秋。”明代诗人蔡升的诗作，引起人们的无限遐思。杨湾明清古街全长900多米，全用小青砖砌成人字纹、水波纹、双钱纹等图案，两侧古宅、古巷、古木星罗棋布。街巷已全面恢复，古色古香，风情万种。

明清古街（2013年）

岭下梅林 “一白千山失晓青，冰魂雪魄自冥冥。微风小艇清晨出，泛得寒香满洞庭。”清初东山“古十景”之首，其诗为清乾隆七年（1742）杨湾诗人张士枋所作。该景观尚存，在杨湾长圻山。

西巷蛙声 “长圻落日三山黑，太湖波涛万顷白。蛙声千里唱不绝，夏风拂动东吴月。”位于长圻嘴最西端的西巷村，俗名青

岭下风情（2015年）

西巷蛙池（2015 年）

蛙村，有千年古柏、骑龙殿、蛟龙穴、太阳河、月亮潭等景观。生长着金线蛙等十多种珍贵蛙类，每至夏夜，远沼近田，千里湖畔，蛙声一片，引人入胜。

万家灯火 “轻舟浮水上，落日耀天边。颐养峰峦处，寻诗浩渺间。”该观景在古村北面湖畔，近处洞庭红橘林一望无际，远方洞庭西山遥遥在望。每至黄昏，眺望沿湖万家灯火，极为壮观。

◉ 旅游项目

古村古宅游 以杨湾古街为主要游览骨架，明善堂、怀荫堂、崇本堂、遂祖堂等明清建筑遗存为游览核心，南洋里、姜家巷、荀丝弄等巷弄为次要游览线路，向周边纵深扩展，形成古村古宅游。该游线适合各类人群，旅游活动主要有参观游览、民宿体验、

古弄（2015 年）

古巷寻幽（2015 年）

游客参观（2015 年）

双圈门（2015 年）

上湾猛将堂（2016 年）

出庙会（2015 年）

舞龙（2015 年）

山村观光（2015 年）

游客拍照（2015 年）

果林采摘（2015 年）

特色购物、休闲等。

寺庙宫祠游 以轩辕宫、杨湾庙为中心，结合周边灵源寺、能仁寺、骑龙殿遗存以及各村猛将堂等，开展以传统文化为特色的体验游览。该项目以普通游客及宗教文化人群为主要目标群体，旅游活动主要有禅修养心、禅茶体验、素斋品茶、登山祭拜等。

山村观光游 以西巷美丽乡村为基点，带动寺前、屯湾、澄湾、湖沙等村庄发展，形成美丽乡村观光休闲旅游带。该游线适合各类人群，旅游内容主要有乡村观光和农家乐、渔家乐、茶家乐、果家乐、婚庆乐等体验活动。

林果采摘游 以山区果树种植区和西大圩生态农业区为主要空间载体，属农业体验休闲类旅游项目。可春摘碧螺春，夏采白沙枇杷，秋赏洞庭红橘，冬品白煨羊肉。该游览项目主要以年轻人为主要目标群体，旅游活动主要有示范种植参观、采摘体验、茶果品尝等。

影视基地游 以二十世纪三四十年代，上海联合影业公司、昆仑天马电影制片厂在杨湾港畔拍摄的《渔光曲》《一江春水向东流》等电影场景；近年在晋锡堂、明善堂、

骑行湖畔（2014 年）

轩辕宫拍摄的《橘子红了》《大清徽商》等影视拍摄地为景观，属影视基地游。

康体健身游 以西巷、寺前、湾里三个村的自行车绿道网、历史遗存的古道古路为主要路径，开发了以自行车骑行和康体步行为特色的运动健身游线。以年轻人群为主，旅游项目主要有自行车运动、背包探险、山水观光等。

长圻自行车道（2015 年）

◉ 旅游线路

主要游览线路分陆上游线和水上游线两大类，陆上游览有：名村体验游、环岛自驾游和环村骑行游三种，有杨湾线、石桥线、长圻线三条游线：

杨湾线 古浜场（猛将堂）—怀荫堂—大浜头—杨湾古街—崇本堂—明善堂—晋锡堂—轩辕宫

石桥线 民国小菜场—震泽底定桥（包括清代义井）—月溪桥—灵源寺（包括罗汉松、灵源泉）—碧螺春晓（李根源摩崖）—碧螺峰（王鏊摩崖）—演武墩

长圻线 香花桥—泗州池—古地道—览胜石—明代燕诒堂—明代马家古井—太阳河（月亮潭）—骑龙殿（千年古柏、龙穴）—南堡—李湾—野猫洞遗址

附：在杨湾拍摄的影视片

杨湾村位于后山太湖边，风光秀丽，名胜古迹众多，早在1934年，上海联合影业公司导演蔡楚生，率队至杨湾拍摄电影《渔光曲》，主要演员王人美还因在杨湾拍戏，同安庆堂叶氏结下友谊。上世纪80年代起，杨湾境内的轩辕宫、明善堂等古建筑作为旅游景点对外开放后，声名远扬，国内影视界纷纷到杨湾选景拍摄影视镜头，先后拍摄的电影故事片、纪录片、电视片达数十部。

1934年，上海联合影业公司摄制，由蔡楚生执导的《渔光曲》在东山杨湾村拍摄了部分镜头，王人美、韩兰根主演。该片原在浙江象山拍景，因剧组演员吃不惯海货而至东山杨湾拍摄。东山是主演韩兰根的外祖母家。演员王人美还与拍戏时的住户叶氏交了朋友，抗战爆发后，王人美不愿与上海日伪当局合作而隐居杨湾半年之久。

1943年，中华电影联合股份有限公司摄制，由卜万苍执导的《渔家女》在东山杨湾港拍摄，演员有周璇、顾也鲁、郑玉如、韩兰根等。摄制组原在无锡拍摄外景，拍戏时遭到渔霸捣乱，于是连夜从太湖转到东山，在杨湾港拍摄了大部分镜头。

1946年，昆仑天马电影制片厂摄制，由蔡楚生、郑君里执导的《一江春水向东流》在杨湾拍摄了部分镜头，吴茵、白杨、陶金、上官云珠主演。祖籍东山的吴茵和丈夫郑君里酷爱杨湾风光。影片中有一组镜头：几个日本兵用枪硬逼着一群贩米的老百姓跳进河里。这个镜头就是在杨湾港旁的一条水沟里拍摄的。

1953年，新中国第一部彩色电影戏剧片《梁山伯与祝英台》，由上海电影

制片厂摄制，曾到杨湾村选拍外景。

1982 年 3 月，由沈寂、阿章编剧，高正执导的电影《浦江红侠》在东山杨湾、翁巷、雕花楼等地拍摄了 40 多个镜头。马晓伟、程之主演。

1982 年 6 月 5 日，日本东海电影制片厂至东山拍摄纪录片《探寻日本文化源流》，拍摄了杨湾轩辕宫、明善堂等古建筑以及东山的鱼池、桑园与缫丝枝艺。

1989 年 11 月 20 日至 29 日，苏州电视台到东山拍摄东山风光片《碧水青山总是情》，杨湾古村摄入部分镜头。

1990 年 5 月，上海电视台到东山拍摄专题片《姑苏东山美》，由上海电视台节目主持人叶惠贤执导。杨湾摄入部分镜头。

1994 年 7 月，中央电视台至东山拍摄《天堂中的天堂》——苏州东山镇专题片，并在中央电视台《神州风采》栏目中播放，杨湾古村摄入部分镜头。

1996 年，北京九歌文化咨询公司摄制，钟源编剧，金韬执导的 23 集电视连续剧《胡雪岩》，在杨湾晋锡堂、安庆堂拍摄大量镜头。陈道明、茹萍、傅艺伟主演。

1998 年 9 月，南京电影制片厂和江苏电视台等单位联合摄制，由徐耿执导的故事片《草房子》在北箭壶岛开拍，并在杨湾村拍摄了部分镜头。该片由曹丹、杜源、吴琴琴主演。

2003 年 3 月，反映旅法画家潘良玉的电影《画魂》在东山陆巷惠和堂与雕花楼开拍，并在杨湾晋锡堂拍摄了部分镜头，演员李嘉欣饰演潘良玉。

2004 年，北京电影制片厂至东山杨湾等古村拍摄《缘来就是你》，该片由朱翊执导，刘涛、邱志可、陈司翰主演。同年，电视剧《首富》在杨湾拍摄部分外景，由陆川执导，元亮、罗珊珊、许还山主演。

2005 年，在东山拍摄影视剧《大清徽商》，该片由李小龙执导，任泉、金素妍、刘恺威主演。在杨湾明善堂拍摄了部分镜头。

2005 年，苏州广播电视总台制作的 8 集电视文化系列片《烟波太湖》，在杨湾拍摄了轩辕宫、明善堂等古建筑与长圻嘴的自然风光。

2007 年 10 月，由李少红执导的电视剧《橘子红了》在杨湾村轩辕宫旁拍摄了许多镜头，周迅、寇世勋、归亚蕾主演。

2013 年 8 月，电视剧《风吹云动星不动》在杨湾古村拍摄外景，该剧由黄觉、杨恭如、李小璐主演。

2014 年 10 月，电视剧《走出凯旋门》在杨湾古村拍摄外景，该片根据华裔法国作家雷纳《一个中国人在布高涅》小说改编。王志文、何赛飞主演。

配套服务

村内主要有民宿餐饮、茶楼、咖啡馆、健身公园、停车场、游客服务中心等配套服务设施，为旅游者提供各种便利。

西巷青蛙村 又名“两栖小镇”，位于杨湾南面太湖畔，环山公路绕村而过，是杨湾也是东山最西面的村子。自然生态环境良好，村中及周边溪流沼泽中，生活着大量金线蛙，俗称“青蛙村”。村中溪畔、路旁、树上、屋顶、室内，到处充满了青蛙涂鸦，故又被称为青蛙主题文化创意生态村。2013 年以后，开发有“西巷栖居”“青蛙池塘咖啡馆”“西巷茶楼”等民宿旅游项目，成立了民房经济合作社。此外，村内有燕诒堂、马家古井、太阳河、月亮潭等明清古宅、古井，以及多株百年树龄以上的古银杏树。村后有骑龙殿、神龙潭、千年古柏等古迹，周边有南堡、李湾、张家嘴、野猫洞等古遗址。2015 年起，《人民日报》《现代快报》《苏州日报》等媒体分别以《这里的蛙声能卖钱》《仲夏夜去苏州“青蛙村”听取蛙声》《休闲的“青蛙村”走出农业转型路》为题进行专题报道。每至周末、节假日，吸引大批中外游客到此观光。

西巷大青蛙（一）（2015 年）

西巷大青蛙（二）（2015 年）

溪流（2016 年）

健身区（2015 年）

古井（2015 年）

西巷民居（2016 年）

西巷食堂（2016 年）

西巷咖啡馆（2016 年）

西巷文化民居 在西巷村口，杨湾村与台湾文创集团合资建办，建有 6 幢住宿楼，20 多个房间，达国家五星级标准。该民居引进台湾文创集团新理念，四周布置具有东山传统特色的山区果木、渔具及花卉，配有儿童游乐区、绘画馆及烧烤区等。每间住房均备有小型书吧，大多摆放具有东山地方特色的书籍与图册，供游客住宿时阅读欣赏。

西巷咖啡馆 在西巷村口，有咖啡馆、观景台、蛙池等。其中咖啡馆内备有多种特色桌椅、书吧、图书等。配有制冰机、咖啡机、饮料机等，制成茶点、饮料供应游客。

室外观景台搭在池塘水面上，配有多套桌椅，每至黄昏，近湖远山，白雾飘飞；溪畔池中，蛙声一片，观景台上常座无虚席。该咖啡馆每年可接待游客 5 万人。

西巷茶楼　在西巷村中部，分上下两层，茶楼上层三间，有一大二小包厢 3 个，可表演全套碧螺春、龙井、铁观音、黄山毛峰、福建祁红等茶艺；楼下两大间，桌旁有书吧、植物观赏室等。整座茶楼同时可接待 50 多名游客。

西巷茶楼（2016 年）

码头壹号（2016 年）

民宿餐饮

全村拥有民宿客栈、食堂面馆、农家乐等 18 家，主要集中在西巷、长圻等景区。规模较大的有半岛农庄、壹号码头、长圻山庄、西巷食堂，常年供应碧螺虾仁、鲜活呛虾、荷叶粉蒸肉、红菱鱼片、田园时蔬等特色茶肴。还建有茶吧、咖啡馆、自行车公园等。

半岛农庄　在杨湾寺前村，特色菜有碧螺虾仁、鲜活呛虾、腌笃鲜、汪牙莼菜汤、碧波拌三虾、红菱鱼片、桂花红芋香鸭、冬笋山鸡片等。

朱家庄饭馆　在杨湾古街，特色菜有鲜活呛虾、白切羊肉、腌笃鲜、鲫鱼塞肉、汪牙莼菜汤、太湖鱼鲜等。

长圻山庄　在杨湾湾里村，特色菜有枸杞蚬肉、碧螺虾仁、荷叶粉蒸肉、板栗烤排肉、田园时蔬等。

圻园农庄　在杨湾湾里村，主要特色菜有碧螺虾仁、鲜活呛虾、腌笃鲜、汪碧波拌三虾、红菱鱼片、冬笋鸡片、田园时蔬等。

石桥农家乐　在杨湾石桥村，主要供应各类中餐、小吃。

码头 1 号农家乐（码头壹号）　在杨湾西巷村，可供餐饮与住宿。

健身公园　又称自行车游览区，在杨湾西南面，毗邻三山岛长圻旅游码头，面积

健身公园（2015 年）

5.4 平方千米，主要绿色自行车道总长 13 千米，宽 4 米；支道总长 13 千米，宽 2 米。路面用彩色沥青和彩色透水混凝土两种材料筑成，为供自行车骑行的专用生态景观道。

公园包括三线、三区和十八景，其中“三线”是指三条不同游览体验的自行车骑行专用生态景观道。“三区”是指长圻码头、杨湾、万家生态林三个入口服务区，提供自行车租赁、停车、洗浴和纪念品销售等服务。“十八景”分别是灵源古寺、明清一条街、铜鼓点兵、轩辕宫、演武墩等。公园内建有服务区 1 个、驿站 2 座，为游客提供服务。竣工后可日均接待游客 5000 人次。

停车场 至 2016 年 12 月，杨湾村已建有大小停车场 9 个，面积 16300 平方米，可停车 1100 辆。其中杨湾村停车场 300 平方米，可停车 20 辆；大浜停车场 500 平方米，可停车 30 辆；上湾村停车场 1000 平方米，停车 60 辆；寺前村停车场 11800 平方米，停车 800 辆；张巷村停车场 500 平方米，停车 35 辆；石桥村停车场 500 平方米，停车 35 辆；澄湾停车场 700 平方米，停车 50 辆；屯湾停车场 400 平方米，停车 30 辆；王家堑停车场 600 平方米，停车 40 辆。

游客服务中心 位于杨湾古村西巷景区，面积 80 多平方米。辟有游客休息室、医疗服务站、男女公厕，配有兼职医务工作人员 2 名，里面还有杨湾古村各景点与游览路线介绍。

山珍　湖鲜

杨湾村依山傍湖，山水兼备，碧螺春茶叶、太湖莼菜、“太湖三白”等山珍湖味独领风骚，享誉中外；白沙枇杷、洞庭红橘、乌紫杨梅、水晶石榴、白蒲枣等传统果品历史悠久；咸馅团子、白玉方糕、桂花赤豆小圆子、清蒸白鱼、银鱼莼菜羹等乡味美食也让人赞不绝口。

《洞庭东山物产考》

◉ 名茶　湖鲜

1920 年，杨湾村人朱琛（名朱家瑛）编纂出版《洞庭东山物产考》，对东山销往市场的土特产进行了详细介绍，其中杨湾一带出产的水果 17 种、鱼 20 种、茶叶 3 种、菜 15 种、禽（包括水禽）15 种、水菜 3 种。碧螺春茶、莼菜、“太湖三白”等被称为山珍湖味。

碧螺春茶　中国十大名茶之一，因产于太湖洞庭东西山，又称洞庭碧螺春。2011 年碧螺春制作技艺作为绿茶制作技艺的一种被批准为国家级非物质文化遗产。杨湾石桥村是洞庭碧螺春最早的产地之一。据清乾隆年间（1736—1795）刻印的《太湖备考》记载：“东山碧螺峰石壁产野茶数株，山人朱元正采制，其香异常，名‘吓煞人’。”有年春天，采茶时适逢下雨，茶姑们怕茶叶被雨水淋湿，遂把青茶藏入怀中，嫩芽遇到少女的体温，发出一阵阵奇异的清香，人们惊呼：“吓煞人香。”据清王应奎《柳南随笔》载，清康熙三十八年（1699），康熙皇帝第三次南巡太湖，巡抚宋荦从当地茶师朱元正处购得“吓煞人香”精品茶进贡，康熙以其名不佳，此茶绿如碧，制后蜷曲似螺，又值春天采摘，赐名为“碧螺春”。朱元正为清初东山杨湾人，当年种茶的“碧螺峰”石壁尚存于杨湾石桥村。

采茶（2013 年）

碧螺春茶又称工艺茶，每千克干茶有 10 万 ~ 12 万个嫩芽制成，需经过采摘、拣剔、杀青、揉捻、搓团、干燥、起锅 7 道工序。每采制一千克精品碧螺春茶，要 20 个茶娘采摘、拣剔两天，8 个壮汉配上助手炒制两小时，故碧螺春又有工夫茶之称。旧时东山大户人家，把碧螺春嫩芽放入透明的玻璃杯中冲泡后，摆在堂屋天然几上欣赏。

碧螺春茶有一嫩三鲜的特色：茶芽嫩，颜色鲜、汤色鲜、味道鲜。数百年形成的碧螺春茶道，内涵极为丰富，有高山流水、碧螺下海、雪花飞舞、白浪喷珠、凤凰三点

黎明采茶（2014 年）

炒茶（2014 年）

碧螺春茶叶（2013 年）

头、翠云浮动、春染海底、闻香通关、润喉畅气及提神生津 10 道茶艺表演，因而被誉为绿茶之冠。

碧螺春茶贮藏极为讲究，旧时炒茶结束后，趁铁锅尚有余温，把碧螺春干茶摊放在牛皮纸上，然后放入锅中，借茶锅中的余温把茶叶的剩存水分烤尽，然后藏入锡罐里，长期保存。新中国成立后，人们经过多方实践，总结出了 3 种保存碧螺春茶行之有效的方法：生石灰白纸吸湿法、木炭吸湿法、冰箱冷却法。

碧螺春茶还有先倒开水，后放入茶叶，才可伸展显绿，清香扑鼻的特异之处。

新中国成立前，杨湾村碧螺春较为稀少，至 20 世纪 80 年代初，年产量一直在 1750 千克左右徘徊。改革开放，给茶山带来无限生机，茶园面积和产量都逐年增长。2016 年，杨湾村碧螺春茶园面积 326 亩，年产碧螺春 40750 千克。

太湖莼菜　又名水菜或水葵，产于太湖水域，故名太湖莼菜。据《太湖备考》记载："太湖采莼自明万历年间邹舜五开始采摘并食用，清帝康熙南巡至太湖东山，舜五孙邹弘志种莼四缸，作贡莼诗二十首并家藏采莼图献于康熙，使太湖莼菜声名鹊起。"当年邹舜五培育与采食的莼菜就在杨湾一带的太湖水域，后来他的孙子邹弘志因进献莼菜，被康熙帝赐封山西岳阳县令，人称莼菜官。

太湖莼菜叶片椭圆形、深绿色，叶背紫色，浮于水面，嫩茎和叶背有胶状透明润滑液体物状，俗称"莼"。性喜温暖，多自然生长在沼泽湖滨浅水区。初系野生，明末清初被人工栽培利用。莼菜中含有大量维生素 C，有补血、润肺、健胃、止泻等效，最宜煮汤，色、香、味俱佳，被誉为江南名菜，加工装瓶后畅销海外。莼菜是食用性防病保健的良药。据李时珍《本草纲目》载，食莼可消渴热脾冷补下气，止呕、止泻、消炎、

采莼菜（2013 年）

解毒。民间多以莼菜汪牙汤开脾胃、补气虚。莼菜含有亮氨酸、谷氨酸、元冬门氨酸等多种人体必需的氨基酸，是一种较好的免疫促进剂，可增强人体免疫功能。

莼菜采摘期每年从 4 月初开始至 10 月底结束。莼菜生长期为春、夏、秋三季，分春秋二期采收，其中采摘春莼菜为 4 月上旬至 7 月中旬；采摘秋莼菜为 8 月中旬至 10 月底。

莼菜（2016 年）

清末至民国初年，杨湾村人就培植、采摘莼菜并供应市场。据《洞庭东山物产考》载，清光绪三十四年（1908），东山产莼菜 2166 斤，主要产于杨湾屯湾村。1980 年屯湾村有莼菜荡 1500 亩左右，产莼菜 108 吨。1999 年屯湾村种莼菜 1000 亩，年产量 500 吨，创历史最高产量。2000 年后，随着城乡人民生活水平的提高，虾仁莼菜汤、银鱼莼菜羹、汪牙莼菜汤等名菜，已成为苏沪城乡宾馆、饭店及百姓餐桌上的佳肴。2016 年，每千克带水的莼菜零售价 60 元。

“太湖三白”

银鱼、白鱼、白虾合称“太湖三白”。

银鱼 色泽似银，细嫩透明，又柔若无骨，与梅鲚、白虾合称“太湖三宝”，又同

太湖银鱼（2016 年）

太湖白鱼（2016 年）

太湖白虾（2016 年）

白鱼、白虾合称“太湖三白”。民间传说银鱼是美女西施玉体所变。银鱼汛期极为神奇，清明过后约一周，太湖中会突然冒出千万条银鱼来，半月后，一下会消失得无影无踪。太湖银鱼在清康熙年间（1662—1722）列为贡品，品种有大银鱼、雷氏银鱼、太湖短吻银鱼和寡齿短吻银鱼，肉质肥美鲜嫩，含丰富的蛋白质、多种维生素与其他营养成分。太湖银鱼上市时刚好枇杷成熟，有“洞庭枇杷黄，太湖银鱼肥”之谚语。每至清明前后，杨湾港口，渔帆竞发，入湖捕捞银鱼。

白鱼　又名银刀，全身洁白，银光闪闪，体狭长侧扁，口上翘，故俗名“翘嘴白鱼”。细鳞细骨，肉质洁白细嫩，鳞下脂肪多，酷似鲥鱼，味可与江南四鳃鲈媲美。据说清初太湖义军张大同清军作战时，不慎掉落砍刀，手持白鱼战斗，故该鱼得名“太湖银刀”。白鱼属太湖名贵鱼类，其习性起水即死，蒸熟后眼睛突出，鱼眼突得越起越新鲜。每至鱼汛，杨湾村渔民从杨湾港口扬帆入湖捕捞。

白虾　又有太湖“白娘子”之称。壳薄，通体透明，晶莹如玉，生命娇弱，离水即死。习惯白天潜入水底，夜间浮游上湖面，喜光亮。活虾秀丽，起水通体变白。白虾营养丰富，虾肉中富含蛋白质、脂肪及钙、磷、铁等多种营养成分。每年 6 月至 7 月间，白虾性腺成熟，雌虾腹部多虾籽，为捕捞佳季。杨湾渔民传统捕捉白虾方法独特，砍青

捕蟹（2013 年）

太湖蟹（2013 年）

松数捆，在湖中用松须与网具摆成虾浮阵。

太湖蟹 亦称太湖大闸蟹。背壳坚隆凹纹似虎面，色青，腹白，腹下有脐，雄尖雌团，内有硬毛。蜕壳而长，秋后肥壮。在杨湾沿湖的沼泽、沟渠、农田中都有生长。每至秋冬，村人挖洞捕捉后用刀切成两半，浇上面糊煮熟，称之为面糊蟹，为菜中佳肴。20 世纪 60 年代曾在太湖中人工放养蟹苗，获得成功，90 年代始在太湖中围网养蟹，并全面推广。杨湾村有人远至南京、山东、安徽等地承包湖泊，围网养蟹，称之为“钻天洞庭”养蟹大军，成功者获利甚丰。传统食蟹以“九月团脐十月尖”或“九雌十雄”为佳。

◉ 四季果品

杨湾村为传统花果种植区，历史上有 20 多个品种。1990 年，花果品种、品系已发展到 120 多个。杨湾村 1984 年果树面积 1465 亩，产果品 590 吨。2003 年红橘、枇杷、杨梅、银杏、石榴及桃、梅、李、杏等发展到 300 多个品种,2016 年花果总面积 9850 亩，总产量 695 吨。

枇杷熟了（2015 年）

采枇杷（2015 年）

挑枇杷回家（2015 年）

白沙枇杷　枇杷是杨湾的传统名品，每年初夏小满时节成熟采收，有“小满枇杷黄”之农谚。栽种历史悠久，明王世懋《学圃杂疏》中就有“枇杷出东洞庭者大”的记载。枇杷古名卢橘，清初“东山十景”中有“白沙卢橘”之景观，后因其树叶子似琵琶而名枇杷。

枇杷秋萌、冬花、春实、夏熟，含四时之精华，为果中佳品。杨湾枇杷有“白沙”与“红沙”两大品类，以“白沙”为主。白沙有白玉、照种、青种、小白沙、早黄白沙、灰种、大种、鸡蛋白、细种、铜皮、荸荠种等品种。红沙有鸡蛋红、圆种红沙、牛奶种、小红沙、浪罐头、鹰爪红等品种。照种是杨湾枇杷的传统优良品种，清末时东山槎湾贺照山培育而成，故名照种。又可分为短柄照种、长柄照种、鹰爪照种三个品系，其特点是：果形大、肉厚洁白，且早熟，在历史上该品种栽种占全村枇杷树 90% 以上。

从 20 世纪 90 年代起，东山白玉枇杷问世，其抗逆能力强，树势生长旺，果大、早熟、肉白鲜嫩。1995 年，吴县果树研究所高级农艺师章鹤寿，从白沙果品基地实生枇杷品种选育出了更优的冠玉枇杷，果型大，均重 50 克，最重达 70 克，味甜润，成熟期较照种早 5 天，杨湾村果农中已大量栽种。2016 年杨湾村枇杷面积 165 亩，产量 325 吨，每千克零售价 50 元左右，村中最大的农户年采枇杷 2 吨，收入 10 万元。

乌紫杨梅 “夏至杨梅满山红”，每年农历五月中旬采收，成熟后乌紫色，故称乌紫杨梅。杨梅在杨湾原呈半野生状态，明代时被人工栽培利用。杨湾历史上大量栽种，但发展远没有柑橘、枇杷等经济价值较高的果子快。2000年起，杨湾村在西部屯湾平缓山地大量栽种，产量超过柑橘、枣子等主果。主要有大叶细蒂、小叶细蒂、乌梅种、石家种、绿荫头、荔枝头、浪荡子、大核头早红、黄泥掌、树叶种、蚂蚁种等近15个品种，以大叶细蒂、小叶细蒂为主，占总产量的90%以上。

杨梅生长需特殊的自然环境，一般栽种在100米之上的山丘沙土上，耐寒耐瘠少病虫害，不需施肥亦能大量结果。杨梅的成熟季节在夏季，一般为6月中下旬至7月上旬，

采杨梅（2015年）

果子分级（2015年）

卖杨梅（2015年）

该季节非雨即热，采摘期只有 10 天时间，被誉为“强盗花息（意为同强盗争抢）”，果农们采摘极为辛苦。

杨梅含有丰富的果汁、果糖、果酸，鲜食能生津解渴，且帮助消化。但不易存放，一般当天采摘当天鲜食最佳。杨梅成熟后色泽乌紫，人见人爱，畅销上海、苏州、无锡等地。用杨梅制成的果脯、果酒则远销北京、南京、无锡等地。杨梅还有“龙眼”之称，用杨梅浸酒是治疗痢疾的良药。每年杨梅采收后，人们都会浸上多瓶杨梅酒，赠送亲朋好友，极受欢迎。

1978 年杨湾（含上湾、屯湾）产杨梅 37.6 吨，2010 年 490 吨，2016 年面积 1120 亩，年产 650 吨，成为村中仅次于枇杷产量的第二大果品。每千克杨梅价格在 30 元左右，但因采收时近黄梅雨季，受气候影响成熟后常被风雨吹落，经济收入远没有枇杷稳妥。2012 年，杨湾村创办苏东庭生物科技有限公司，生产杨梅酒、杨梅饮料，每年收购优质鲜杨梅 200 吨，榨汁酿酒，解决了果农后顾之忧。

白蒲枣　杨湾村盛产枣子，每年农历七月中旬采收，有白蒲枣、秤砣枣、赤枣、灵芝枣等品种，以白蒲枣（又名白露酥）最为上品。《太湖备考》载：“枣最佳者名‘白露酥’出东山后山。”《本草纲目》称“撲落酥”。杨湾枣树主要分布在石桥、张巷、屯湾村一带，百年老树很多。史料记载，1956 年东山枣树面积有 228 亩，年产枣子 118 吨，主要产自后山杨湾一带。白蒲枣宜加工成蜜枣，尤其是金丝蜜枣可外贸出口。枣树开花人易困睡，有“枣子花开，睁眼不开”之农谚。枣花是蜜蜂的最爱，酿出的枣花蜜品质较佳。

白蒲枣（2012 年）

枣子产量较低，经济价值也不及枇杷、杨梅、红橘等果子，杨湾村枣子栽种面积与产量逐年下滑。2003 年 205 吨，2016 年下降至 2 吨。锐减原因是枣子产量、价格均较低，一株百年老树结枣最多 25 千克，每千克 10 元左右，大批枣园改种枇杷。

白果（2012 年）

佛手银杏 俗名鸭甲子，又称公孙树，意即祖父栽种，孙儿才能收获。每年白露过后成熟采收。杨湾村是东山银杏的重要产地，村中树龄 300 年以上的银杏树有 30 多株。银杏树被中国植物界称作“活化石”，上亿年来没有进化，仍属雌雄异枝开花授粉结果。银杏去皮后称白果。杨湾有一种大佛手白果，壳薄、浆足仁满，香中带甜，为最上乘的白果。除大佛手外，银杏还有小佛手、洞庭皇、大圆珠、小圆珠等。

吊银杏（2012 年）

银杏树因生长缓慢，产量一直不高。1978 年杨湾村（含上湾、屯湾）银杏面积 42 亩，年产量 13750 千克。从 1990 年白果因大量出口外贸价格上升，1996 年每千克 60 元，由于加强果树管理，年产白果 27500 千克。2000 年以后，白果价格逐年下滑，2016 年每千克 16 元，产量回落到 5000 千克左右。

水晶石榴 石榴是杨湾的传统名果，成熟后果皮呈水晶色，故名水晶石榴，每年农历八月中下旬采收，有“寒露三朝采石榴”的农谚。主要分布在杨湾村的石桥、上湾、张巷村一带，村中百年以上的老石榴树极多。东山石榴栽种始于明朝，因其除果实鲜

石榴（2013 年）

食外，果皮又可作为土布染料及入药，清朝时得以大量发展，民国初产量达 70 吨。据中国科学院南京中山植物园 1956 年编的《太湖洞庭山的果树》一书载：“洞庭山石榴面积约 800 亩，年产 4740 担（237 吨），东山最多，75% 以上产于东后山杨湾一带。”

石榴一般农历四五月开花，色泽鲜艳，甚为喜庆，旧时东山大户之家园内均种有石榴，寓意多子多孙。结婚喜庆时堂上“金玉满堂”中的“满”字，即石榴。杨湾石榴品种很多，有小红种、大红种、水晶石榴、老油头、铜皮、虎皮等，以水晶石榴为优，果形大，果皮黄白色，带红晕，较薄而光滑，籽粒色泽有白水晶、粉红水晶品系。杨湾村栽种以水晶石榴为主，近年来不少果农在老树上高位嫁接引进的日本石榴新品，每个石榴可重 500 克以上，大的可达 1 千克。2016 年产量 1500 千克，每千克 20 元左右，很受游客欢迎。

板栗（2014 年）

蛋黄板栗　又称板栗，东山的传统果品，杨湾村也大量种植，主要分布在屯湾村。清乾隆《太湖备考》载：“栗出东西两山，东山西坞者尤佳。”《洞庭东山物产考》载：“栗树高二三丈，叶大如驴耳，面有刺，四月开花，成条青黄色。结实成苞形，如刺猬。采后苞裂取实。肉外黄内白，生熟食均佳。”品种有大毛栗、白毛栗、六月白、查湾种、中秋栗等。1978 年杨湾村（含上湾、屯湾）年产栗子 11650 千克。栗子树生长对土地、气候不严求，管理粗放，有“干枣湿栗”的农谚。1980 年起东山栗子销往港澳市场，促进了栗子的发展，尤其是屯湾村山区大量种植栗树，1990 年杨湾屯湾村年产栗子 25 吨，占全东山栗子总产的 25%，但因栗树生长缓慢，产量较低，其生长土地还是被橘子、枇杷所蚕食，年产量基本保持在 10 吨左右。

洞庭红橘（2013 年）

采橘子（2015 年）

洞庭红橘 柑橘是杨湾村的传统果品，因其橘皮色红艳，历史上统称洞庭红，以早红、料红为主。每年农历十月份采收，农谚云："洞庭橘红霜降边。"洞庭红橘在历史上极为有名，被列为贡品。白居易任苏州刺史时，每年都要到洞庭山精拣贡橘进献朝廷，所作《拣贡橘书情》诗云："洞庭贡橘拣宜精，太守勤王请自行。珠颗形容随日长，琼浆气味得霜成。"史载唐太宗李世民每年除夕都用洞庭红橘恩赐有功的文臣武将，以示祥和吉利。

新中国成立前，杨湾村一直是东山柑橘重要产区。从 20 世纪 50 年代起，杨湾村柑橘经历了三个不同时期的品种更新换代。第一时期是 50 年代至 80 年代，为发展阶段，主要以当地早红橘、料红橘为主。第二时期是 80 年代末至 90 年代初，为全盛时期，当地品系柑橘逐步减少，浙江无核蜜橘兴起，特别是早熟品种温州蜜柑占据主体，1994 年温州蜜柑面积达橘子种植总面积的三分之一，柑橘总产量的二分之一。第三个时期是 90 年代后期，柑橘高接换种技术大量推广，并引进美国脐橙、日本天草等国外柑橘新品，具有当地特色的红橘基本上高接了无核蜜橘，属改良品种阶段。

1978年杨湾村柑橘面积377亩，年产柑橘154450千克。2003年产量300吨。2016年面积350亩，产量130吨。锐减原因主要是橘子价格偏低，1985年，每千克橘子1.6～2元，2000年每千克1元，2016年每千克0.6元，果农采一天橘子的收入还不如外出一天务工的工资。从2010年起，杨湾农业产品结构调整，大批橘地改种枇杷、杨梅等经济价值较高的果树。

◉ 乡味美食

藕丝饼　春季新藕起塘后，用土法把藕磨成粉，其淀粉沉淀后制成藕粉，藕丝与米粉拌糊后，用小勺滔起在平底锅上煎成藕丝饼，香糯可口，为杨湾春季名点。

牛舌头饼　又名活源食饼。杨湾传统的茶食干点，已有上百年历史。其饼重配料、技法和火候，三者失一，即不能达到色、香、味俱佳。制作时，先将面粉隔水蒸熟，取出拌搅成面团，后逐一擀成饼皮，加入预先用食油、饴糖、细盐、香葱、花椒（配料用量有一定比例）制成的饼馅，包裹于饼皮内，反复搓揉，使皮与馅均匀地合成一体，揿压成狭条块状，逐一排列置于炉上的平底锅中，上覆以烧烫的铁锅作盖，此时需掌握火候。及时取出则正反两面均呈金黄色，无焦斑，油而不溢。外形美观，食之香而松、脆，咸甜适中。杨湾村中有传统制饼作坊。

牛舌头饼（2016年）

咸馅团子　杨湾春季传统名点。把赤豆在锅中煮熟，放上盐、花椒等配料，用铁铲揿成糊状，熬干后捏成馅，再用米粉包好，放在蒸笼上蒸熟，即可食。其馅入口即化，味香而清爽，有提神醒脑之效。

绿豆饺　杨湾夏季名点。先将绿豆磨成粗碎粒，加水浸泡，捞去豆壳，再将豆磨成糊状，入盐少许。分次用小勺将绿豆糊舀入置在火上的平底锅中，锅中预放适量食油并熬熟，绿豆糊在熟油中煎黄成饼，扁平圆形若碗口大，取出即成绿豆饺，味鲜美。若在绿豆糊中加入鸡蛋，其味尤佳。

虾仁莼菜汤（2015 年）

盐水虾（2015 年）

三虾面 初夏时上市，其时正是虾脑、虾子饱满之时。取虾仁、虾脑、虾子，以虾壳煮汤，滤净澄清后，加猪油等调料做面汤，虾仁、虾脑做面食浇头，再浇以虾子酱油，鲜美异常。

鲜活呛虾 俗称“盆跳”。选鲜活及体形较大的青虾或白虾，剪去虾须，清水洗净，碗内放黄酒、白糖、醋、葱、姜末、鲜酱油或红腐乳卤，拌匀后倒入盆内，再放入活虾，即用碗盖住，吃时揭开，味鲜美。

鲫鱼塞肉 鲜活大鲫鱼杀后取出内脏，再把剁碎的瘦肉塞进鲫鱼肚内，放上葱、姜、糖、盐、味精等调料，入锅隔水清蒸，蒸熟后上桌，亦为佳肴。

虾仁莼菜汤 将虾仁洗净漂清，滤干水放入碟中，加盐、鸡蛋清拌匀，再用生粉搅匀上浆，再把新鲜莼菜用清水洗净，用开水泡一下，倒入煮沸水中，放入虾仁拨散，下盐、味精即可。

盐水虾 夏季佳肴。取大中型鲜活青虾一碗，剪去虾须，清水洗净。在锅中放水、盐、葱与姜块，煮沸后，将虾放入，随加黄酒，略加翻拌，待沸除去浮沫，至虾壳呈红色捞起，味鲜而清爽。

“苏东庭”系列杨梅酒 精选杨湾优质杨梅，采用五粮液集团先进的酿酒工艺，纯果酿制，具有酒色迷人，味道浓郁、甜润，入口清爽宜人等特点。有杨梅酒、果汁饮料等多个品种。2015 年 1 月，“苏东庭”牌杨梅酒获苏州名牌产品称号。

苏州名牌产品证书

苏州苏东庭生物科技有限公司

你单位生产的下列产品被苏州市名牌产品认定委员会认定为2014年苏州名牌产品，特发此证。

产品名称：苏东庭牌杨梅酒

有效期：二〇一五年一月至二〇一七年十二月

苏州市名[illegible]产品[illegible]定委员会

二〇一五年一月

苏州名牌产品证书（2016年）

民俗风情

杨湾村名门望族大多来自中原，南宋初迁村，他们挟中原文化而来，融入吴地文化中，形成了独特的村落文化，有代代相传的岁时、婚嫁、建房等习俗，村中传唱的山歌、民谣，明清方志记载的著述与诗文，以及杂记轶闻等，形成了五彩缤纷的村落文化。

民间习俗中的献路头、猛将会、吃野粥、城隍会、出台阁、陪观音、荷花节、送灶、掸尘、搬年碗；婚嫁习俗中的定亲、迎娶、结亲；建房习俗中的镇石、平磉、上梁、涂黑墙等较具特色。

猛将“出巡”之黎明准备（一）（2015 年）

◉ 民间习俗

岁时习俗有春节莫厘峰上烧头香、猛将“出巡”、四月出台阁、城隍会、农历六月赏荷花、农历八月斋月宫、大小年夜掸尘、送灶、搬年碗，一年 24 个节气都有民俗活动。婚嫁有定盘酒、通路、迎娶、结亲、回门等习俗；建房有镇石、破土、平磉、上梁、涂黑墙等风俗。

猛将“出巡” 亦称猛将会、“出猛将”，苏州市级非物质文化遗产保护项目，是后山杨湾一带参与人数最多最隆重的民间风俗之一。刘猛将，名承忠，广东吴川人，元末

猛将“出巡”之黎明准备（二）（2015 年）

猛将“出巡”（2016 年）

指挥官，有“猛将”之号。江淮蝗旱，督兵逐捕，飞蝗歼尽。后因元亡，自沉于河。清雍正时，朝廷封其为扬威侯天曹猛将之神，俗称“上天王”。东山抬猛将神“出巡”始于明代，据说嘉靖年间（1522—1566）太湖中倭寇战船包围了东山，但因不知山中官兵虚实，不敢贸然上岸。有个名叫席本桢的乡绅，发动全山村村民抬猛将“出巡”。倭寇从太湖中远远望来，战将威威，队伍整齐，鼓乐喧天，疑山中埋伏有无数官兵，吓得掉转船头溜之大吉，从此猛将会一代代传了下来。

“出猛将”时，其仪仗前为冲锋帅旗，接着是“护国佑民”“风调雨顺”等祝祷旗帜，后面锣伞相间，少则十余顶，多则上百顶，锣声震天，伞后由四人抬着猛将神像，神后为大纛旗，少则数面，多则数十面。擎旗者扬旗奔跑，数十面大旗迎风飘扬，甚为壮观。每年春节期间，从大年初一到正月十三，杨湾村几乎天天都出猛将会，仪仗队抬着猛将神走街串巷，送子、送财、送平安，深受村民欢迎。

村中有杨湾、上湾、张巷、湖沙、长圻、屯湾、寺前、王家堑 8 座猛将堂。清道光《苏州府志》载：“刘猛将庙有五：……一在洞庭山杨湾……俗称大猛将堂，即吉祥庵也。”杨湾猛将堂，位于杨湾浜场，清代建筑，已有 180 多年历史，坐北朝南，庙堂面阔三间，大梁圆作抬梁式，边贴穿斗式。进深七界，前置船形轩廊，庙堂古朴。张巷猛将堂门前有一株百年老树，庙中新塑“吉祥王”猛神一尊。

出城隍会 出城隍会是杨湾村农历四月里的一大习俗，源于清初，流传不衰。东山前山、后山共有五尊城隍神，以杨湾庙汤斌为最。出会之日，仪仗各显神通，道具鲜艳夺目，节目众多，堪称一年一度自发的民间文艺大会演。扮演的大戏有《跑五方》《梁山一百零八将》《七侠五义》《三打祝家庄》等传统剧目。演员们一手扯开戏装衣襟，迎风飘拂，一手持武器铿锵有声。他们边走边唱边演，极受观众喜爱。出城隍会队伍中还有舞龙、台阁、莲湘、高跷、荡湖船等节目，以及杨湾的“三六板”江南丝竹也都参加。杨湾城隍庙建于清康熙年间（1662—1722），据说有一年东山受旱灾，巡抚汤斌报奏朝廷，把每亩上缴的皇粮减至二升半米，百姓感其恩德，造庙并出会纪念他。

台阁表演 江苏省非物质文化遗产保护项目，杨湾村创作的台阁“梁山伯与祝英台”是东山台阁表演中的精华。台阁最早起源于河南、山西一带，宋朝南迁时由北方移民带入太湖洞庭东山，经过数百年与地方民俗的融合，形成了颇具风情并以“出彩”为主要看点的东山台阁，一般均演于农历四月城隍会出行中，非常吸引观众。

东山台阁的起源，据说还与禁赌有关。清代中期，社会较为安定，农业亦连年丰

出台阁（2010 年）

收，人们生活无忧，于是在农村赌博成风，官府禁了几次效果不大。东山一些有识之士，几经商议，制作成了台阁，逢年过节，在大街上敲锣打鼓，吸引了许多人，赌博明显减少，从此台阁表演一代代传了下来。

“出彩”是东山台阁最大的亮点，即每只台阁均有巧妙的制作技艺和“惊险”的造型，被誉为“流动的戏台，大街上的杂技”。台阁由真人装成，颇具情趣与欣赏价值，所扮演内容均取自群众喜闻乐见的戏剧故事。由 5 ~ 8 岁孩童扮演，每只台阁一般由 2 个孩童（亦有 3 个孩童）扮演。台阁的制作与扮装极具技巧，先是在其木座上特制一铁杆，高 3 米。其根生于座子中，上下两节，用榫头衔接。上下铁杆上各吊一小椅，仅容演孩坐下，用整幅布将演孩下半身连椅紧紧包裹，因小铁椅是吊着的，虽被裹紧，但未固定，仍能晃动，不觉呆板，上下演孩面部化妆后，均穿上装有假脚（着靴或戏鞋）的裤子，再穿上戏装，女的还系上彩裙，打扮得与成人相似。下面的铁杆弯曲从男孩戏衣袖中伸出，贯穿于道具中，在水袖、裙幅等巧妙掩饰下，远视极像一脚踏在道具上，一脚悬空，既惊险，又飘然自若，甚为精彩。

旧时东山有上百只台阁，只只独具匠心，艺术造型各具特色。1984 年东山镇恢复出台阁，现前后山村村都装有台阁，每逢新年和节庆日，20 多只台阁在大街上招摇过市，城乡数万人追着观看、欣赏。

赏荷花 葑山，俗称龙头山、九龙山，“葑山芰荷”为东山清初十景之一。每年农历六月二十四日，葑山下十里荷塘，荷花怒放，清香四溢。傍晚，杨湾等村成千上万的后山人，都要赶到龙头山蛇王殿进香，观赏山下湖畔的十里荷花。入夜山上满山灯火，湖畔处处火龙，犹如千军万马守卫着东山。这一天，人们通宵达旦，在葑山上尽情赏荷避暑。这一风俗源于明代，嘉靖年间（1522—1566），倭寇进犯太湖，觊觎东山，官兵又远在苏城，一时远水难救近火。地方贤达同乡老谋计，发动各家各户的老百姓到龙头山上赏荷花，用空城计智退倭寇，后其风俗代代相传，如今仍十分兴盛。

赏荷盛会（2010 年）

婚俗　苏州市非物质文化遗产保护项目。杨湾婚俗隆重吉祥而含意丰富，从男女青年定亲至完婚有一整套流程。据说是南宋迁往临安（今浙江杭州）时，一批皇亲国戚和达官贵人定居东山，从中原及朝中带来的礼仪，喜庆而吉祥。定亲时有“授茶”“定盘酒”“派糖”等礼仪；结婚时有“落桌”“碰风”“行嫁日”“巡抚台”“回门”“三吹三打”“热络”“哭嫁”“泼水”“猜拳”等仪式。定亲时男方要送女方一包碧螺春茶叶，要是女方接受了，则表示姑娘答应永不变心，因为茶树是无法移栽的。接新娘时乐队“三吹三打”，出自“刘皇叔三请诸葛亮”；“嫁出女儿泼出水”是希望女儿到男方成家立业，创出一番事业来。“巡抚台”是正日婚宴上岳丈朝南坐的桌子，左边是巡台、记账；右边是抚台、新郎，酒宴开始、结束、行酒令全由老丈人施号令。尤其是“猜拳”，双方口中猜出的数字从一至十均极为吉利：一品到、二上坐、三星照、四喜、五经魁、六六顺、七巧来、八仙早、九长寿、全福全寿。据说东山拳语（俗称“趣名”）出自宫廷，所以被称作“宫廷拳”。

◉ 山歌民谣

山歌

历史上流传在东山的民谣及山歌多达上百首，在杨湾等后山一带村落也有传唱。

一个姑娘三寸长

一个姑娘三寸长，勒浪茄子底下乘风凉。拔勒长脚蚂蚁找仔去，笑煞仔亲婆哭煞仔娘。

叫天子飞来节节高

叫天子飞来节节高，燕子飞来像剪刀，野鸡飞勒青草里，天鹅飞过太湖梢，蜻蜓飞出天要变，蝗虫飞临灾难到，蝴蝶飞到花丛里，布谷岛飞来好种稻。

咿啊咿啊踏水车

咿啊咿啊踏水车，水车底浪一条蛇，游来游去寻阿摩。阿摩嘴里衔青草，青草开花胜牡丹。牡丹姐，要嫁人，石榴姐姐做媒人。大手巾，当门帘。小手巾，揩茶盘，揩得杯盏白似银。嫁个官人啥场化人？王家泾头王官人。

亲家母，吾来告诉奈

亲家母，奈勿要动气，请奈坐好仔，吾来告诉奈：奈得囡吾来，叫俚淘淘米，水滩头浪弄烂泥。叫俚扫扫地，笤帚柄浪出把戏。叫俚烧烧火，火钳头浪爆白果。说说俚，火气比吾度。叫俚拎拎水，滴滴答答一屋里。叫俚买买油，油店里向搭讪头。叫俚买买线，走错仔店门买仔盐。叫俚小菜场买买菜，只管俚心里爱，拉勒篮里就是菜。亲家母，奈勿动气，奈得囡吾回转去，请奈好好仔教教俚。

胥王庙神歌

萬家山上杨湾庙，供着忠臣伍子胥。吴王昏庸把他杀，吴地百姓爱戴他。
一代一代又一代，胥王故事千年传。子胥本是楚国人，先朝三代是功臣。
父亲伍奢忠良将，母亲贤德武将后。阿哥伍尚封棠邑，兄弟两人文武精。
可恨平王昏无道，听信奸臣乱朝纲。父兄忠言遭横祸，子胥只身把命逃。
一心投奔吴国去，路途漫漫千里遥。千辛万苦到昭关，城画图像难飞过。
一夜头发全急白，全靠渔翁把江渡。行至吴境溧阳地，饥寒交迫路难行。
多情多义浣纱女，患难之中献真情。浣女尚是清白身，抱石投江抗追兵。
子胥沥血石上书，十年千金报德恩。隐于城西东山上，自耕自种当农夫。
手执班竹箫一支，往来乞食街道中。悠悠笛声露冤情，感动万千吴国人。
胥母峰上迎亲娘，吴王宫里当大夫。先助姬光夺王位，受命建造苏州城。
再荐孙武进吴宫，败越破楚威名震。越国兵败献美人，七计亡吴阴谋逞。
子胥识破奸人计，怒谏吴王杀勾践。夫差不听忠臣言，放虎归山成大患。
姑苏台上西施笑，吴国江山风中摇。昏王赐剑子胥亡，千古英雄恨难消。
匠门城头放双眼，要看越兵进城来。头颅包在鸱夷里，随风随浪四处飘。
飘到杨湾长圻嘴，百姓含泪祭忠魂。从此胥王坐庙中，轩辕宫里香火盛。
保佑杨湾永太平，风调雨顺颂胥王。

民谣

年公公

年公公，啊里来，脚踏莲花浪里来。带点啥末事来？带点铜鼓砌钹来。敲敲看，咚咚匡，砌砌狂。

骑马康康

骑马骑马康康，一骑骑到松江。松江，松江，好地方。今到松江，还是第趟。
骑马骑马康康，一骑骑到太仓。太仓，太仓，是个好地方，北靠长江无限好。
骑马骑马康康，一骑骑到吴江，吴江地方，有个平望，太湖边浪，蛮有名望。

丫鹊尾巴长

丫鹊、丫鹊尾巴长，愁柴愁米养姑娘。姑娘生来恶，将来嫁蚌壳。蚌壳空，嫁老翁。老翁死，嫁只猪。猪要杀，嫁秀才。秀才矮，嫁只蟹。蟹壳黄，嫁凤凰。凤凰飞，嫁只鸡。鸡要走，嫁只狗。狗要看门咬坏人，咬奈姑娘呒良心，让奈今生今世勿上门。

一个小宝宝

一个小宝宝，勿要吵来勿要哭。要吃白蒲枣，阿哥望仔山浪跑，阿姐拿仔棒来敲。一敲敲仔三栲栳，青个多来红个少，吃得宝宝眯眯笑。

枇杷姐要嫁人

山歌好唱口难开，橘子好吃树难栽。白米饭好吃田难种，鲜鱼汤好喝网难结。

枇杷姐，要嫁人，茶花姐姐做媒人。嫁人不嫁张懒汉，要嫁村东勤劲郎。

一只喜鹊飞过桥，姆妈屋里打背包。打扮女儿进城去，当上模范北京跑。

灰喜鹊，尾巴长，讨了家婆忘了娘。家婆要啥就给啥，给娘剩饭和剩汤。

渔村晚唱（一）

啥鱼白来啥鱼黑，啥鱼背上掮枪戟。啥鱼背上带须须，啥鱼脚阔走江湖。

白鱼白来黑鱼黑，鳜鱼背上掮枪戟。鲶鱼背上带须须，甲鱼脚阔走江湖。

渔村晚唱（二）

啥鸟飞来节节高，啥鸟飞来像双刀。啥鸟飞来盘青草，啥鸟飞来太湖早。

山雀飞来节节高，燕子飞来像双刀。安神飞来盘青草，野鸭飞来太湖早。

山民谣

胜利爆竹响，欢歌且舞蹈。拨云重见日，从此乐逍遥。不意一载还，依然一团糟。捐税重重来，长臂个个捞。可怜我东山，地僻人烟少。屡经盗匪患，又遭乱寇扰。富户迫他乡，贫家听受刀。十室九室空，市肆日萧条。赌风燃复炽，烟毒恨未消。不问民疾苦，祇求私囊饱！生财贵有道，霉烟握几包。杂捐如牛毛，还须饲马料。法币五百元，肥皂买一条。或云价不贵，货色太糟糕。户口毛巾好，家家派得到。每条一千五，不能少分毫。如此花样多，物价日渐高。白米售六万，生活苦煎熬。长安不易居！谁云东山好？天高皇帝远，且听山民谣。

雾中杨湾（2015 年）

艺文杂记

杨湾历史悠久，文化底蕴深厚，养育了众多作家、诗人，留下著述诗文集数百部。历代官宦名士慕名游览杨湾，吟诗赋文，其中不乏赞美杨湾的名篇。

◉ 艺文

著述

据明弘治蔡升、王鏊《震泽编》，清康熙翁澍《具区志》，乾隆金友理《太湖备考》，民国叶承庆《乡志类稿》，《苏州民国艺文志》（广陵书社 2002 年版），《东山艺文志》等书著录，从元代起至 2016 年，杨湾有诗文大家 122 人，出版诗文集 300 多部。各大家族纂修的族谱 22 部，这些著述分藏于北京、南京、上海、苏州等地的档案馆、图书馆、方志馆。当代杨湾籍教授、作家 150 余人，出版专著及书画作品 300 多部。

明清时期，杨湾古村既有秀丽的太湖山水，又有深厚的唐宋遗韵，从宋元起就是东山西南部旅游景区，明清时期杨湾轩辕宫、灵源寺、能仁寺等名胜古迹已有盛名，名士游览后留下了数以百计的诗文佳作。

杨湾村历代著述一览表

表 6

时期	作者	书目	引录出处
元	王　鹏	《缑山集》1 卷	《吴县志 · 艺文》
元	叶　颙	《城南集》	《吴县志 · 艺文》
明	施　凤	《倚玉集》1 卷	《太湖备考 · 书目》
明	张　本	《五湖漫闻》、《五湖漫稿》2 卷	《吴县志 · 艺文考一》
明	黄　翀	《白浮稿》	《吴县志 · 艺文》
明	邹斯盛	《莼冰舫集》	《吴县志 · 艺文》
明	朱良祐	《平倭志》《记异录》《留京偶笔》	《七十二峰足徵集》
明	叶有馨	《咸悦堂诗文集》2 卷	《吴县志 · 艺文》
明	叶　杰	《湖山漫稿》	《太湖备考》
明	陆　枢	《南中诗草集》	《吴县志 · 艺文》
明	朱　琬	《诗集》（王鏊为之序）	《吴县志 · 艺文》
明	张振先	《左癖轩存稿》《游艺斋存稿》	《七十二峰足徵集》
明	张善道	《寒斋集》《击筑吟》	《七十二峰足徵集》

续表 6

时期	作者	书目	引录出处
明	姜森玉	《伤寒补注》、《诗文偶存》2 卷	《吴县志·艺文考二》
清	姜立宽	《辰巳集》2 卷	《七十二峰足徵集》
清	张尚絇	《耦耕集》1 卷、《碧梧轩集》1 卷	《七十二峰足徵集》
清	叶　松	《嘤鸣集》《建初集》	《吴县志·艺文考二》
清	叶　英	《秋吟草》1 卷	《七十二峰足徵集》
清	张明俊	《寒斋集》《击筑吟》《张子合集》	《七十二峰足徵集》
清	张延基	《非隐斋偶笔》《东海游草》《燕帆记事》《蜀吟》《石纽集》	《吴县志·艺文考二》
清	徐履中	《峨嵋枪法》3 卷	《洞庭东山徐氏家谱》
清	周德新	《疗俗亭诗》《百幻诗草》	《七十二峰足徵集》
清	周祖典	《观涛阁诗》1 卷	《七十二峰足徵集》
清	杨　匡	《嬾真庵诗》《燕台杂咏》	《七十二峰足徵集》
清	朱济世	《自鸣集》	《七十二峰足徵集》
清	邹弘志	《念莼遗稿》《燕台游草》《爱莲宦稿》《贡莼咏》《邀月词》	《吴县志·艺文考二》
清	周建镖	《长青集》10 卷	《吴县志·艺文考二》
清	周建铭	《放言草》16 卷	《七十二峰足徵集》
清	周月贞	《联珠集》《撷芳集》	《七十二峰足徵集》
清	徐文荣	《徐氏家谱》8 卷	《徐氏家谱》卷九
清	徐士睿	《雪香庵诗》6 卷	《徐氏家谱》卷九
清	王朝忠	《焚馀诗钞》1 卷	《莫厘王氏家谱》卷六
清	王希廉	《李史》48 卷	《莫厘王氏家谱》卷六
清	孙广榛	《乐安世系》1 卷	《东山孙氏家谱》
清	陆仲飞	《洞庭明诗选》	《乡志类稿》
清	徐桂荣	《息舫合刻集》	《乡志类稿》
清	周克豫	《周氏家谱》10 卷	《周氏家谱》卷一
清	周邦翰	《洞庭东山周氏支谱》	《洞庭东山周氏支谱》

续表 6

时期	作者	书目	引录出处
民国	王守梧	《柳波舫集》	《乡志类稿》
民国	朱献淮	《洞庭东山物产考》4 卷	《东山镇志》卷二十七
民国	陆澹安	《满江红》《啼笑因缘》《啼笑因缘续集》《小说词语汇释》《戏曲词语汇》	《东山镇志》卷二十七
民国	朱润生	《湖山诗影录》	《东山镇志》卷二十七
民国	张知笙	《东山张氏族谱》1 卷	《东山镇志》卷二十七
民国	朱穰丞	《桃花源》《虎去狼来》《文舅舅》	《东山镇志》卷二十七
现代	周佩宝	《周佩宝书画作品选》	上海科技出版社 2003 年版
现代	王己千	画集《胸中丘壑》、《王己千书画集》	中国美术出版社 1980 年版
现代	杨熙元	《东山旅沪职业青年革命活动史料选辑》	上海教育出版社 1987 年版
现代	光　华	《先行集》	铁道科技出版社 1998 年版
现代	王益生	漫画集《讽刺与幽默》	上海美术出版社 2002 年版
现代	王季卿	《江南八座传统庭院式戏场的音质测量与分析》《析古戏台下设瓮助声之谜》《山西传统戏场建筑》《我的建筑声学历程》	中国建筑工业出版社 2004 年版、2005 年版、2007 年版
现代	姜礼尚	《数学物理方程讲义》《试讲分析理论基础》等	中国教育出版社 1985 年版、1990 年版
现代	汪长生	《中学数学学习指南》《中学数学学习指导》	气象出版社 1995 年版
现代	徐伟荣	《异军突起在苏南》《改革发展实录》《莫厘峰》《苏州之路》《知道求真录——莫厘峰续集》等	江苏人民出版社 1988 年版、1996 年版、2008 年版
现代	金中浩	《金中浩书法集》、《世界华人美术家年鉴》(编委)、《中国现代书画家印款辞典》(编委)	吉林美术出版社 1998 年版，安徽美术出版社 2000 年版
现代	陆　康	《陆康印选》《陆康作品集》《陆康现代书法》《澳门名胜印集》《陆康书唐诗三百首》《感觉上海》《陆康艺术人生》《上海心情》	香港诚艺出版社 2002 年版、2005 年版、2008 年版，汉语大词典出版社 2004 年版、2006 年版
现代	张洪鸣	《引导孩子们亲历科学》(主编)、《善教善导育新苗》(主编)、《小学科学课程与教学》(合著)	江苏教育出版社 2011 年版
当代	宋祖惠	《宋祖惠篆刻集》	华夏美术出版社 2002 年版
当代	宋　咏	《宋咏篆刻作品选》	华夏美术出版社 2010 年版

诗选

宿湖中

〔唐〕白居易

水天向晚碧沉沉，树影霞光重叠深。
浸月冷波千顷练，苞霜新橘万株金。
幸无案牍何妨醉，纵有笙歌不废吟。
十只画船何处宿？洞庭山脚太湖心。

轩辕宫咏胥王

〔宋〕杨备

出境鞭尸报父仇，吴兵勇锐越兵忧。
忠魂怨气江云在，日见炉香烟上浮。

咏灵源寺

〔元〕叶颙

散花丈室静焚香，小小云龛稳胜床。
须信定中还有定，莫言方外还有方。
青莲满眼非真色，白日流金只慧光。
今日相逢陪软语，尘缘俗虑一时忘。

罗汉松

〔明〕姚钰

佛性分形化梵林，参天秀色自森森。
龙宫掩映凌霜古，鹫岭扶疏阅岁深。
照月似呈孤立相，翻风如散广长音。
闲云野鹤时栖止，更许高僧坐翠阴。

能仁寺

〔明〕王鏊

长圻东转路回盘，宫殿凭虚岌未安。
日月自开银世界，星河光动玉阑干。
双林花雨青春暖，万壑松风白昼寒。
我欲飘然凌绝顶，五湖烟水纵奇观。

游弥勒寺

〔明〕贺泰

暮春犹是踏青期，古寺重来满目诗。
山水有名从禹贡，庵僚重建纪梁时。
黄金地上侵花雨，白鸟天边妬鬓丝。
箫鼓相将归已晚，舞雩高咏未应疑。

杨湾庙远眺

〔明〕叶杰

千门花气上蓬莱，八极风从望目来。
山外夕阳孤鸟下，云边秋水片帆开。
南当越绝争衡国，北顾吴王歌舞台。
讵意草生麋鹿走，蛾眉还弃子胥才。

壑舟图咏

〔明〕沈周

山合水乃汇，云木交繁阴。
爱处自得地，斋居乐幽深。
雅构仅类舟，非寓藏壑心。
岂为力者免，安栖人莫寻。
白日自弦诵，窗户触鸣禽。
斯时良友会，上若尧舜临。

碧螺峰

〔明〕王鏊

俨双峰兮亭亭，忽雾绕兮云横。

冈峦纷兮离合，涧壑黯兮峥嵘。

望夫人兮不远，路杳杳兮难征。

览胜石探梅

〔明〕葛御夏

荡浆芦峰雪巘登，东风软处漾层冰。

鲛人入谷珠林缀，龙友栖岩宝雾升。

竹浪半空翻玉岛，松篁一带奏霜棚。

兹游不负当年约，泼酒何妨直若绳。

胥王庙

〔清〕吴伟业

伍胥丹青像，须眉见老臣。

三边筹楚越，一剑答君亲。

云壑埋忠愤，风涛诉苦辛。

平生家国恨，偏遇故乡人。

灵顺宫

〔清〕王艺孙

灵宫不见见孤松，烟外时闻一杵钟。

楼阁翻从湖面出，波涛直过树头春。

挂龙莫辨天耶水，啼鸟曾无夏与冬。

乘月来看知更好，白银盘里碧芙蓉。

净云庵

〔清〕王艺孙

人到荷花国，天开祇树园。
直将香作界，真觉水为邨。
僧贺蚕成市，农祈橘返魂。
此中无六月，热客莫临门。

小云台晚眺

〔清〕席玕

缓循梯磴上层峦，一展湖山眼界宽。
怪石倚岩惊兽立，老树欹壑讶蛟蟠。
烟屯平楚千村晚，月浸澄波万顷寒。
值得云台振衣客，丹青并入画图看。

胥王庙

〔清〕薛雪

万古英风在，荒祠压水滨。
父兄双殉国，吴楚一孤臣。
苍鼠惊飘瓦，灵鸦噪远人。
平生感慨泪，瞻拜益沾巾。

杨湾庙

〔民国〕朱润生

朱窗玲珑不复存，空留遗迹照斜曛。
胥王庙貌山头峙，日夜涛声对越军。

文选

叶伯昂传 ①

〔明〕吴敏

伯昂名颙，东洞庭山后人，父国英，倜傥豪侠，元季兵兴欲教子，乡无儒硕，缑山王九万避乱依山前叶氏，国英遣子从游，叶以富傲国英，国英曰："我能使儿读书成器，齐奴不足齿也。"国英与长兴耿炳文为友，耿延前应奉翰林文字，国子助教宇文子贞主家塾，国英令子就学馆，谷丰腆有逾于耿，宇文子撤讲来国英家，适江浙提学云阳李一初来访。一日忽怅怏，国英前谢李曰："妻子寓旅邸不能不动于中。"国英曰："已令人省问，薪炭酒茗醯酱蔬果之类皆具。"李惊喜，称山中宰相，于是与宇文子偕训伯昂，伯昂大造就而卒业焉。后试浙省中上第，为和靖书院山长，不慊所蕴，挟策走燕京，值风尘道梗流落濠亳间。皇明平一区宇，始克来归，兵燹之余母弟俱亡，家徒四壁立，无意于世，号浮丘醉史，放情诗酒，高歌感慨，人多怜之。时炳文助讨张士诚累功封长兴侯，富贵煊赫，闻伯昂困滞，遣使招延，会聚通家之好，欲为创第再娶荐于朝而用之。伯昂曰："时去志违，年既知非，毋庸是为也。"吴兴著姓姜仲刚、范玄德、张大声、徐正敬、暨闻儒、许雪峤、华仲清、曹可大、吴宗本、丁志仁皆订盟知己从游，讲学留连卒岁竟旅死长兴。噫！麟凤之获于鲁狩、歌于楚狂而不得为祥瑞。非其不灵也，出非其时也，唯士亦然惜哉。

明王鏊《震泽编》卷八

壑舟记 ②

〔明〕王鏊

仲兄涤之既倦游，筑室洞庭之野，穹焉如舟，因曰是宜名壑舟，属弟鏊记之。壑舟

---

① 叶伯昂，即叶颙，元代东山杨湾人，元末中江浙省乡试，任浙江省署和靖书院山长，为东山第一名举人。明洪武朝三次征其进京做官，可他每次均以年事已高而回绝，归山后筑别室于石桥碧螺峰麓。后朝廷密谕长兴侯，密注叶的一举一动，如有反常，立即押至京师问罪。叶颙为避杀身之祸，终日诗酒佯狂，最后病死于长兴街头，归葬东山碧螺峰麓。

② "壑舟"居室在杨湾石桥村，明成化二十三年（1487）王鏊仲兄王鏊筑。竣工之日，沈周、蒋春洲为之绘《壑舟图》；王鏊作《壑舟记》，唐寅、祝允明、吴宽等作壑舟图咏诗。

之义，盖取诸庄周，周之言，予不能悉也，而舟之为用，则知之，《易》曰："舟车以济不通。"《书》曰："若济巨川，用汝作舟楫，舟固为水设也；而寘之壑舟也，寘之壑则车也。"吾将寘之水鼎也，以柱车梁，丽以窒穴，臼以炊，釜以舂，裘以御夏，葛以御冬，其亦可乎！夫不可违者理也，不可废者用也；若之，何其紊之无已，则物将各复其分，车也复于陆，舟也复于水，则之秦之楚之吴之越，无不如吾意者，孰与块然守一壑哉！兄曰壑舟，固不祈于用也，不祈于用者祈于安。昔者，吾尝泛舟涉江湖，傲然枕席之上，一日千里，固自以为适也；不幸怪云欻起，飓风陡作，鱼龙出没，波涛如山，而吾方寄一叶以为命，茫然不知所归，幸而获济，犹心悸神悚而不能，故曰："水以载舟，亦以覆舟。"今老矣，尚安能以不赀之躯，试不测之险乎。故予有取于壑也。子不见武夷之山乎，其匡有舟焉。虽世变屡迁，舟自若也，吾舟盖庶几似之，其视江海之舟，不差安乎，虽有力者，又安能窃诸。鏊曰："兄之见远矣。"遂为记于舟上。成化丁冬十月。

清金友理《太湖备考》卷十二

净云庵碑记

〔清〕郑长籙

净云庵者，洞庭东山杨湾村之左箕峰之麓，背山面湖一小清幽兰若也。溯自明嘉靖二年，由弥勒寺西隐堂桂岩和尚，始创大殿及旁屋几楹，为清修之所，晨钟夕梵，师弟相继。迨国朝乾隆初，其后裔鑑亭师因本寺之人不克兼，理有契合，福建安溪县李姓即公和尚，乃从柏林寺迦陵音禅师薙染其戒，阅数载，而禅师退院矣。即公欲觅佳山水，因游在山。鑑亭师即敦请住持，将所有什物捡点交付。其时基址难广，创建为难，即公每以晨夕祝佛之资，计日积累，修举废坠，意不欲藉布金之助，以为积苦而成者，其事乃能垂悠久也。逮八十一岁圆寂后，德山师继其衣钵。庵向有香火地，所入亦稍裕，遂于乾隆三十八年鸠材庀工，重建佛殿、观音殿，并于旁添构精舍数楹，一切庄严，皆于具备，盖阅十有二载而蒇功焉。呜呼！可谓劳矣。其徒印传师踵事增华，复起造文武二帝阁，因庵右余地前住慧如师于康熙五十九年让于周氏建祠，乃于路南相度地势，亘复道以联络之，又于前开筑湖埠。自乾隆五十七年，至嘉庆十三年，经营尽瘁矣，又十有六载，净云庵遂巍乎焕乎，有祇树双林之胜焉。噫！世之人席高堂大厦之荫，有一传而弗肯构者矣，有再传而弃厥基者矣。世世相承，渐推渐广，往往难之，况白云茅屋为广严家风，即不更累崇阶，宏开丈室，固无碍于清净之宗，谁得从而訾议也耶？今是庵主持乃历三世而善继善述若深，以弗克负荷为羞，岂非我佛慈悲，有以默佑其成哉！如来说庄严佛土者，即非庄严，是名庄严，诚能明乎此旨，则印师之守先传后，邈乎弗可尚已。因师之乞予记也，用即其大略，删芜就简，更演说以归之，后之住持者倘不忘始事之劳，固守弗替，俾庵与湖山并垂不朽，岂不美哉！岂不幸哉！

抄录于杨湾净云庵《净云庵碑记》原碑

严家炽致朱献淮亲笔信①

（根据信原件抄录）

内弟，近集资创设丝号以推销国产，名其号曰“信泰”，实继其先人余绪。盖我外家已三世业此，而“信泰”二字渊源甚远，有立述者。

道光壬寅上海甫辟租界，外人来者尚鲜，市廛亦稀。我祖岳月村公与同游。杨憩堂、席华峰两先生设小肆于老北门外洋泾浜，资金制钱四百千，售杂货。一日有英人过其肆，见色绢纨扇美之问价。而语言未通，仅能会意。是时纨扇每柄值二百文，遂伸二指示之。而英人误为二元，犹以为廉如值，购取一柄。翌日复与其同侣数人来，以千四百元购七百柄去，肆中遂获大利，于是启中外互市之端。厥后频频交易贸迁百货。而月村公渐解英语，因知初来之外人名叨文，其侣则马发与哈壳也。

是时尚无正式传授语言之所，华人学英语者全从耳听意会而来，自成格调，即所谓洋泾话是也。今者习英语者多而此洋泾话渐淘汰。然当时因以此为通商利器，即外人来华亦必习此特别语言始能言情达意。而我月村公者实为此创造特别语言之诸先觉之一人。

经营数年，肆中获利甚丰，迨木析股，三人各得二万金，于是各从所习，另立门户。华峰先生创席华记，憩堂先生创杨泰记，而我月村公所业则以华丝推销国外，当时店号即“信泰”二字也。

时太平军兴，内地避乱者纷纷来沪。月村公设收容所，又与诸同道集资创三善堂养生送死，以便乡人，于是义声四布，人莫不知有月村公，而犹莫不知有朱信泰，因此之故而外人来华者尤以为朱信泰号主宅心仁厚，重义守信，乐于为友。太平军定后有杭人

① 杨湾朱氏世为洞庭望族，清道光年间（1821—1850），杨湾湖沙人朱月邨与同乡挟小资赴沪，在洋泾浜设地摊售纨扇，因其经商讲信用，巧遇了类如明冯梦龙《今古奇观》中“转运汉巧遇洞庭红”的经历，一举成为沪地富商。此为朱氏外甥时任江苏省财政厅厅长的严家炽写给表弟朱献淮的亲笔信，详细讲述了事情的发生与经过，寓意深刻。

胡某者知湖丝出口香丰，遂以巨资屯货居奇而丝价日涨至每担八百两。外人不敢问津。二年，丝市一蹶不振。厥后价旋跌至二百两而外人犹怀观望，莫肯进货。是时英人马发之惇裕洋行有轮四艘往来华英间。马发乃语月村公曰：湖丝值廉而外人莫购，倘君以货与我，以我轮运英而为代售，利必三倍。月村公允也，并与之约获利平分。

当是时也，月村公已积资五十余万，悉以购丝。不足复贷庄款四十余万；亲友存款三十余万，以益之尽付诸马发以轮运欧，于同治三年八月起行，翌年春音信犹渺然。于是乡人中有流言谓公受愚，货去数千里外，人非同种，即有差池，情法咸莫之及。言殊近理，实则是时电信未通，轮行亦缓，由印度洋绕道南非经大西洋以达英伦，往返本须半载。而闻者不詧，以为马发必失信，公则行险侥倖，而贷款者将无以自保。于是群相责难，月村公竟忧急以歿。歿后匝月，轮阜有外轮将到，乡人中犹有以此事为语柄者曰：马发轮来矣，朱信泰富矣。不移时而马发果来，携银条无数堆号前隙地，高如小阜，众皆惊诧。而马发见号内悬白帏尤骇异，询知其故大恸，曰是我故也，向使我早行匝月者君不必死，今不获示信于我友之前，是我故也。呜呼！今当毁约以所获悉归朱氏，用忏我故。朱太夫人受其金，悉偿所负，整理旧业，声誉更隆。适光绪十二年朱太夫人卒，而我外舅复弃贾而仕。朱信泰遂一蹶不振，终我外舅之世，未能重整旗鼓。唯我内弟献淮自幼即以祖业为业，殚精竭虑数十年如一日于丝经之良窳，线业之利弊，研求至精。近年丝业凋敝，半由于改良之无术，半由于无信誉卓著之人经营调度。今献淮内弟本其数十年经验，继其先人余绪而创信泰丝号，凡斯缺陷皆臻圆满，丝业砥柱舍彼其谁？是用苫眼铺眉其渊源，以志纪念，且祝信泰蒸蒸日上也。

争回大小鼋山碑记

王砺琛

西太湖中之大小鼋山，即拐山，全山面积二百七十余亩，前清同治年间，苏绅张月阶之父，在东山筑圹，因风水关系，出资购买，助与惠安堂为义冢之用，历有年所。当时因该山并未编入版图，故无粮赋方单，惟陆续葬于该山之同乡棺柩，为数不少。民国七年春二月间，忽被清理江苏官产处，认为无粮官荒，介卖于客民陈曾滢，由陈缴存吴江锡官产事务所保证金二百元，预备围筑开垦，采取石屑。事为同乡所悉，因关慈善公益，且拟合山风水，先由后山董事公呈县署力争，未见批示。嗣经本会两次呈县，亦未批复，后由严孟繁君向县面催，并再会同苏绅张姓，公呈县署，函牍交驰，历时四月，始由县知事吴秀之批准，承认为惠安堂之产，惟须俟日后清理官产时，再行办粮。

本会后又续呈县长及江苏官产处，转呈省长，请求升科，给单补粮。当由官产处批示，既无执业契据，又未立户承粮，所请补粮给单，未便准行，全案几被推翻。其时并有官产处派员到山丈量，并未邀地方官绅会同办理。本会当将惠安体仁两堂所载该山之助入始末，历年所收柴薪花息，及所葬棺柩竺账目，种种凭据拍照，由本会及会馆三善堂前后山堂董六十人，由严孟繁领衔，公呈交省长官产处及县知事各机关，叙明该山未列版图，并无图圩亩分之原因，咎在从前官厅办理不善，含糊了事所致。并由西山董事秦清之等，联合禀省，据理力争，始蒙省长批饬官产处查复，该处以事关矿产，应归实业厅办理，呈复省长，案成搁置。八年，有西山罗焕章建议，由西山煤矿公司出面，向财政部纳税领照，卒以条件未洽，未曾实行。

九年四月间，由席立功、张知笙、罗汉章会同具名，再呈内务部，蒙批，该山等均属吴郡名胜古迹，应永久保存，禁阻开采，批省传令吴县查复核办。此案办理至此，历时三载，虽已办到永久保存，禁阻开采目的，而陈曾滢当亦不得开采，但该山主权，犹未确定，当时同乡诸公，均认为应继续力争。十年二月，同乡叶善先君，偶在沙训义律师处发现西山人秦磐石即秦炳章与李懋德合组美兴公司，向陈曾滢订立合同，采取该山石屑。由叶君设法取到合租契收据共四分，当即拍照，预备再为力争，遂由本会会长严俊叔具呈县署，转呈上峰彻查。并附私订合同租约之照片，岂知并未生效。十年七月，再由本会会长万建生等具呈，历陈原委，正式呈请江苏官产处，援照价领官荒办法，缴价承领，旋奉批准，照陈姓原缴领价二千元减半，即经转函三善堂遵缴正价及照册费银一千一百元具领，填给部照一纸，以凭执业而维善举。所有一切争领手续，完全由本会书记清录全案卷宗，送三善堂存核，并建立碑亭于鼋山，以凭执证，而昭永远。此案历经四年，函牍频繁，至此方始告一段落。虽未能请求无条件领回，但终获达到管业之目的，同乡诸哲，百折不回之精神，殊足多矣。

录自民国《洞庭东山旅沪同乡会卅周纪念特刊》

美哉杨湾（节选）

冯英子

每次到东山，给我印象最深的是杨湾。

杨湾在苏州东山的西面，同西山隔湖相望，去西山的人，也从此处渡湖，是东西两山的交通枢纽。春秋佳日，游人如织，杨湾这个地方特别吸引人。

杨湾最动人的季节是春天，公路的一边是山，一边是湖。太湖没有风浪的时候，水波不兴，平静得很，而山麓、水滨，则开满了各色各样的花，枇杷、杨梅、橘子、柿子、枣子、栗子、茶叶等等，各争春色，万紫千红。如果沿着公路漫步前行，那么人在花中，花为人开，空气中清香扑鼻，确实是人在图画中，任何人要为之心醉的。我总觉得一到春天，整个东山是一座花园，而杨湾更是花园中的花园。杨湾的房屋，宅前宅后，坡上坡下，是一片片橘林，一片片桃林，从窗中伸出手来，就可以摘到从树上垂下来的花果。整个杨湾，山光，水色，鸟语，花香，雾霭弥漫，落日余晖，都达到了人间最美的境地。

杨湾之美，还在于它的空旷。登上杨湾的山顶，有一批仙人石名胜。据说当年仙人是从这里下凡的。石头有的像椅子，有的像桌子，有一块石头上，还有两个脚印，是仙人上天时留下来的。这当然是一个神话，其实这倒是吴越战争时烽火台的遗址，吴国利用这个烽火台观察越军动向。据历史记载，吴王曾由此去击灭越国，后来越王勾践，也是横跨太湖，由此攻入吴国。站在这个烽火台遗址上，不能不佩服选择这个视角的正确。遥望太湖，风帆点点，湖波淼淼，晴空如洗，风、光、色彩极于一致，使人对宇宙间的视觉听觉达到了神明的地步。我站在那块仙人上天的石头边上，但觉和风扑面，湖光山色应接不暇，有一种缥缈云间、如登仙境的感觉。

这里的蛙声能卖钱

王伟健

“稻花香里说丰年，听取蛙声一片。”在江苏省苏州市吴中区太湖边的杨湾村，紧靠东山环岛公路、长圻旅游码头，枕山面水，南望三山岛，西眺西山风景区，北邻陆巷古村，夜里“聒噪”的蛙声，成了当地农民增收的来源。

太湖的生态环境一直为沿岸百姓所关心。为了爱护这里的山山水水，严格的环保措施让吴中区不敢越雷池一步。

“每年起码有 10 到 15 个项目被否决。”吴中区东山镇党委书记吴金凤说。以碧螺春茶闻名天下的东山镇，是一个延伸到太湖中的半岛，环保标准极其严苛。几年前，东山镇花大力气谈下来一个生物制药项目，最后却被卡在了环保线上。

吴金凤的苦恼，也是吴中区环太湖各个乡镇“当家人”的共同苦恼。吴中区拥有太湖约 60% 的水域面积和长达 180 余公里的太湖岸线，沿湖 5 公里属于一级保护区。吴中区委书记俞杏楠说，这些年，吴中区每年将 15% 左右的财力用于太湖治理，沿太湖乡镇陆续关闭了全部采矿、建材、化工企业，并全面复绿。

“要像呵护自己的眼睛一样爱护太湖”，俞杏楠说，“但保护环境并不意味着守穷”。

东山镇杨湾村党总支书记陆雄文也在尝试答好保护发展这一“考题”。前年，台湾生态保育专家林正雄对杨湾村进行生态调研时发现，经过多年环境保护，杨湾村的野生动植资源日益丰富，青蛙尤其多，足足有 61 种，特别是在台湾属于一级保护动物的金钱蛙，在杨湾村却遍地都是。这让陆雄文看到了商机。

以往在农村，蛙声被认为是吵人的噪音，很多农民没有保护青蛙的意识。村民徐吉经常在夏夜里打个灯、拿个鱼叉到湿地捕青蛙来卖。

但对城里人来说，青蛙多意味着生态环境好。“在银色的月光下，听着蛙声，喝着碧螺春，这肯定是城里人想要的。”陆雄文决定建个“青蛙村”，让青蛙给村里“代言”。

听说要建“青蛙村”，有的村民不理解。“一斤蛙声能卖多少钱？”徐吉问陆雄文。陆雄文笑着说，“肯定比卖青蛙贵”。

陆雄文给他算了一笔账：由合作社出面，将闲置民居租下来，以农房资产折价入股加入合作社，实行按股分红。“假设一套房子 400 平方米，前三年每年能获得近 5 万元分红。三年过后，视经营情况，还会有每年不低于 5% 的二次分红。”

2014 年，村里成立了苏州市首家农房农业专业合作社，并与专业公司合作，为民房找出合适的文化创意点——青蛙村是第一个创意。

沿着一条流向太湖的小河往村里走，处处可见青蛙的身影，青蛙雕塑、青蛙涂鸦，连公交站牌和下水管道口都精心设计成青蛙造型。在村口，利用空闲民房投入运行的“西巷栖居”首期主题民宿已经开张，蛙型玩偶和厨具等随处可见，每间客房的门牌和楼梯扶手都是用废旧的船橹制成，院子里的大花盆则是用一条废弃的小渔船改造而成。

清明假期，不少南京、上海的游客来到“青蛙村”参观休闲。陆先生一家专门从上海过来度假，虽然一间民宿一晚的价格近千元，但他觉得很值。“这里生态环境好，清新空气和田园风光在大都市可是享受不到的。”他说。

徐吉现在也不觉得蛙声吵了。“村里已经成立护蛙队，以后谁来捕青蛙，我第一个不答应。”他说。

《人民日报》（2015 年 4 月 10 日）

◉ 杂记　传说

叶逵铁拐峰下筑别业　叶逵，字造玄，一字绍全。北宋初刑部侍郎。原仕吴越，吴越国归宋中有功，授刑部侍郎。娶乌程（今浙江湖州）羊氏永嘉郡侯女为妻，始迁居湖州。时东山尚属浙江乌程县管辖，叶逵因事常至东山，爱东山的山清水秀，筑别业于杨湾石桥头碧螺峰下，后来他的裔孙就散居在东山后山杨湾至陆巷一带。据《吴中叶氏族谱》记载，叶逵生三子，长子元颖，还居浙江湖州；次子元辅，字应凤，北宋淳化三年（992）进士，居杨湾鸡笼山南，后繁衍成村，称“南叶”，主要居住在杨湾、澄湾、屯湾、湖沙等村；三子元参，字少卿，咸平三年（1000）进士，居杨湾山嘴以北，称“北叶”，繁衍成纪革、蒋湾、嵩下等村落。至明代中期，“南叶”“北叶”又合在一起，形成了后巷、前巷、中巷、细湖头、大湖头、支头岭、茅园、陈湾、照顾厅下，以及同里、常熟、昆山、吴江、新安、湖州、杭州、慈溪、松江等支派。叶逵被尊为吴中叶氏始祖，杨湾石桥村也是吴中叶氏最早的居住地。

叶颙中浙江乡试举人　叶颙，字伯昂，元东山人，世居杨湾，元末中浙江省乡试举人，他是东山历史上考取的第一名举人。当时东山还属蛮荒之地，大多为武人之后，世以种果、经商为业而不思读书，叶颙中举后对杨湾乃至东山读书人影响很大，后来东山在明清两代出了一百多名进士与举人。叶颙的父亲国英以经商发迹，家境殷实，好结纳名士。元末苏州儒学提举李祈、国子助教宇文谅都是叶国英的好友，李祈、宇文谅两友常住其家，成为叶颙的老师。叶颙学有根基，尤称于诗。浙江省中举后，授和靖书院山长，但他不愿为官，不久即离任而去。明洪武初年，朝廷三次征诏叶颙进京为官，可他每次均以年事已高，不能胜任而婉言回绝。朱元璋表面上答应了叶颙的请求，但又密谕长兴侯，要他密切注意叶颙的一举一动，如有反常活动，立即押到京师问罪。其敕书云：“谕长兴侯，卿所举人才，内有前元山长叶颙，来见敷陈，数表求归，其志终不肯仕朕。朕欲诛之，奈此人已老病。尝闻人鸟将终，善言哀鸣。听其归日，密遣亲信往察此人动静，若多结交，即便发遣来京，若弃人事，山中自在，听其自由勿拘。”叶颙归乡后，在杨湾筑归休斋，终日诗酒佯狂，以避杀身之祸，最后贫病交加，客死街头。

张宁督建南京城　明初建造南京城时，杨湾曾有张宁参与督建，比胥口建造北京紫禁城的蒯祥早数十年。张宁本业泥水匠，元朝末年，到金陵（今江苏南京），遇安徽定远人李善长（字百室），极为友善，时相往来。元至正十四年（1354）李入朱元璋军中，参与机要，深得信任，常留守后方，调集军粮，颇有功绩。明朝定鼎，洪武初年，李善长因功任左丞相，封韩国公。明初制度皆由其参与制定。张宁往访，李不以显贵而忘故交。时正规划监筑京城之事，李遂把张宁推荐给明太祖。太祖召见合意，然张宁原无官职，即令以白衣督领工役，监建南京城。

张宁本长土工之技，担任督建职务后，指挥有序，设置有方，深得太祖信赖。城将竣工，太祖登城巡视，见建城工役把断砖碎石尽皆毁弃，疑为暴殄有用之物，怒欲问罪于工役。张宁见状，立即叩头启奏："臣以为残缺之物，不宜筑于墙中，以玷瑕金城，故令弃置，非群工之罪，论罪实在臣身。"太祖听其言之有理，乃尽释工役。张宁因劳成疾，卒于任上，葬于南京城外。明清时张氏后裔每逢清明，携祭品赴南京祭祀张宁。

朱良祐与海瑞　朱良祐，字太和。明代东山杨湾人，能文善商，贾于金陵城，与海瑞友善。明万历年间（1573—1620），良祐在金陵开设酒肆，性好帮人解难，又喜同贤豪交游，有"鲁仲连"之称。其善举为都御史海瑞所知，常至酒肆交遇，结为好友。万历十五年（1587），海瑞卒，往哭吊之，并作诗以悼。海瑞身后无嗣，卒后棺不能还本土，良祐大言于众曰："有官如此，忍使其骸骨不归故土乎？"乃置椟中衢，首以百金投焉，人争趋之，三日得五百余金。良祐治装扶棺，送海公归葬于琼。

朱允恭智擒巨盗赤脚张三　朱允恭，字公懋，清初杨湾石桥人，福建延平府知府。清康熙年间（1662—1722），太湖中有一伙以赤脚张三、毛二、沈泮等为首的强盗，白天抢劫，名曰打粮。如勒索不到钱财，有水捞、河泥、粪窖、烟熏眼等刑，成为太湖大患，官府极为担忧而无法捕获。时朱允恭在苏州巡抚衙门任事，他向苏州巡抚请假十日，回到家中，寻得张三同党，好言说："张君诚豪杰，吾欲与之交欢，今以千金为寿，愿保我桑梓。"喽啰携金回湖复语，张三十分高兴，复信约日到朱府面谢。朱允恭在杨湾家中缥缈楼设盛宴招待，他深知张三勇力过人，凶悍异常，只宜智擒。挑选了十多名艳丽的女乐备于堂中，暗遣勇士混杂于优伶中。又密使人把用油炒熟的黄豆遍布于地。张三不知此计，是夜带了十多名喽啰果然赴约。酒酣，朱借故退去，帐后假装乐师的武士亮出利器扑上前去。张三大惊，酒醒，从腰间抽出佩刀腾空跃起，方欲展技，落地踩在炒熟的黄豆上，仰面朝天跌于地，朱率众将其擒住，马上钉了手足，立即押解苏州抚辕衙门正法，余党骇散，湖中自此安宁。

杨湾的两个乔冠华墓　乔冠华（1913—1983），江苏省盐城市人，原外交部部长。

1983 年在北京去世，1985 年骨灰安葬于杨湾湖沙山，即杨湾华侨公墓一区。在湖沙山有两个乔冠华墓。一个在半山坡，占地 16 平方米，1985 年其夫人章含之筑。墓穴中央一块前高后低的黑色大理石上，镌刻着“乔冠华同志之墓”7 个三寸见方的楷书，下方刻着一行取自南宋爱国诗人文天祥的名句：“人生自古谁无死，留取丹心照汗青。”因其墓规模太小，又极为普通，虽离墓区大道不远，却少有人知晓，只是每年清明前后，章含之从京辗转赶到湖沙山扫墓。如今墓后当年栽种的两棵雪松已长成大树，大理石的墓碑经过岁月的洗礼，字迹显得更加清晰，只是在墓的前方新竖立了一块小石碑，上书：此墓穴已迁至本墓园停车场旁（2009.5.15）。一个在湖沙山顶小云台，筑于 2009 年，占地 35 平方米，墓中央西洋式的黑色大理石墓碑上，并排镌刻着乔冠华、龚澎之墓几个白色大字。墓碑左上方是乔冠华和龚澎夫妇紧挨着的一张瓷照，龚澎在前，乔冠华在后，为年轻时所照。两人意气风发，都抬头凝视着远方，若有所思。照片下面竖刻着两行小字：天生丽质双飞燕，千里姻缘革命牵。墓碑右下方刻着：子乔宗淮、媳彭燕燕、孙乔澎；女乔松都、婿雷平生、外孙雷佑航两排红字。墓碑前面平放着一本用银灰色大理石雕塑的书本，打开的书页左页刻着乔冠华、龚澎的生卒年月。

金色杨湾（2015 年）

杨湾望族

北宋末年，金兵南下，烽烟四起，北方人口纷纷南下。东山杨湾位于江浙交界处，是南迁大军的经过之地，因其地理位置较为优越（依山临湖，战火难于涉及），成为南渡人群的理想栖居之地。据明清《苏州府志》《吴县志》《太湖备考》等府县方志及东山大族家谱统计，南宋迁居杨湾一带的北方世族有近20家，他们带来了中原文明和先进的农耕技术，促进了杨湾村的发展。

◉ 杨湾大族

历经千年岁月，当年南渡迁居杨湾的世族，一些家族得到发展，裔孙在为官、为学、经商等方面取得较高成就，尤其是周氏、万氏、徐氏、张氏、叶氏、王氏、朱氏等望族，明清两代大多撰有家谱，记载家族文明。而居、陆、姜、金、严等家族也承上启下，发展脉络清晰，成绩较为显著。

2016 年洞庭东山杨湾大族家谱馆藏一览表

表 7

家谱名称	修谱时间	纂修	卷（册）数	现藏处
橘社金氏家谱	清乾隆元年（1736）	金孝坤等	6 卷（首 1 卷）	上海图书馆
周氏家谱	清嘉庆五年（1800）	周克豫等	10 卷	上海图书馆
东山湖沙徐氏家谱	清嘉庆五年（1800）	徐文荣	8 卷（首 1 卷）	上海图书馆
严氏家谱（抄本）	清嘉庆十八年（1813）	严世权等	1 卷	东园书屋
周氏家乘	清嘉庆二十二年（1817）	周敬泉	8 卷	上海图书馆
洞庭万氏宗谱	清道光二十三年（1843）	万履成等	8 卷（首 1 卷末 1 卷）	上海图书馆
洞庭翁氏世谱	清光绪七年（1881）	翁先声等	4 卷	上海图书馆
大湖头北叶叶氏支谱	清光绪七年（1881）	叶铨	2 卷	中国社会科学院历史研究所图书馆、河北大学图书馆
吴中叶氏族谱	清宣统三年（1911）	叶德辉等	66 卷（首 1 卷末 1 卷）	上海图书馆
洞庭东山周氏支谱	1915 年	周邦翰等	2 卷	上海图书馆
乐安世家族谱（抄本）	1916 年	孙广榛等	1 卷	石桥村孙酣曾
东山张氏族谱	1917 年	张武镛	1 卷	上海图书馆

续表7

家谱名称	修谱时间	纂修	卷（册）数	现藏处
莫厘王氏家谱	1937年	王季烈	24卷	上海图书馆、苏州图书馆
东山孙氏杭州支谱	2006年	孙绍蔼	1册	东园书屋
屯湾朱月屯世系表	2009年	朱承慰	1册	东园书屋
杨湾张氏崇本堂支谱（抄本）	2010年	杨维忠	1册（不分卷）	东园书屋
东山孙氏上海支谱	2013年	俞振中	1册（不分卷）	东园书屋

大浜周氏 南宋建炎年间（1127—1130）迁居杨湾，始迁祖平江太守周望之孙，迁居东山有兄弟二人，兄芝山居杨湾，称杨湾周氏，弟效山迁尚锦村周湾，称周湾周氏。现主要居住在杨湾3组、4组（大浜村）。

周氏定居杨湾后，始以农耕为业，筑周家河头（现大浜河头）。明初开始外出经商，芝山公四世周滨赴松江经商，晚年回杨湾筑宅定居。五世周昌，好读书而勤快，家业兴盛，足迹半天下，晚年修屋隐于乡间。八世周玙，自幼随兄周璠至外地求学，后弃儒行贾，与弟周珉行商于淮楚，克勤克俭，归里筑宅安度晚年。现周氏明清所筑第宅保存有怀荫堂、遂祖堂、遂老堂、鸿远堂、康德堂、燕喜堂等。

杨湾周氏为东山历史上的官宦世家之一，明清两代从政为官者多达数十人。从科举入仕的有周而淳，清顺治九年（1652）进士，官至户部主事，颇具政才。周道泰，康熙九年（1670）进士。周济，康熙二十四年武科进士，广西右翼镇左营游击。周官，顺治十四年举人，上海县学教授。周振绪，康熙三十八年举人，松江县学教授。周昌际，乾隆六年（1741）举人，内阁中书。周邦翰，光绪五年（1879）举人，江西饶州知府。此外，还有周尚质，山东德州知州；周天生，陕西宝鸡县知县。

《周氏家谱》（2016年）

周祖礼，杨湾周氏十七世，清乾隆年间（1736—1795）的一代名医。从小立志从医，遍阅历代乡邦医书，又善研究医方，医道日精。他治病不论贫富，一视

古弄（2015 年）

同仁。在松江从医 10 年，医道医德在当地享有盛誉，数千患者经他妙手医治，得以康复。他曾治愈两江总督高晋疑症，高氏为之题“国士无双”匾额。周祖礼儿子周德治，孙子周克华均为吴中名医。

近现代周氏比较有名的人物：周南，同盟会会员，曾任上海威武军副司令。周斌，同盟会会员，曾任浙江护国军总司令。周凤霞，女，同盟会会员，曾任中国女子参政会会长。周纪伦，复旦大学教授。周耀淼，上海工业大学教授。周岳，江苏外国语学校教授级高级中学教师，副校长。周伟仁，南京金陵职业大学副校长，副研究员。周佩宝，上海文史馆馆员，书画家。

张巷万氏 南宋建炎年间（1127—1130）迁居杨湾张巷村。据清道光二十三年

（1843）刻印的《洞庭万氏宗谱》载：万氏世居河南开封，北宋末年靖康之乱，和州州判万虞恺，携二子扈驾南下，避地江左，定居洞庭东山杨湾张巷。现主要居住在上湾5组、6组。

《万氏宗谱》（2016年）

万氏始以农耕为业，明初开始出湖经商。明景泰年间（1450—1456），十五世万章在父亲死后，客游荆襄，作客20年，资产逐渐饶裕，家业兴隆。万章之子万格随父服贾，弱冠商谯周、淮阴等地，前后在外35年，家业隆起。明代的万格、万浚、万润，清代的大纶、中宇、履占等都是有名的大商人。据《上海钱庄史料》（上海人民出版社1959年版）载，洞庭山浪帮近代在上海共开办或参股投资开办了85家钱庄，而由东山万履占父子开办或参股开设的钱庄，就有宏大、森康、德庆、志庆、庆成、庆祥、庆大、久源8家。万氏富而好义，热心社会公益。清光绪十二年（1886）洞庭旅沪同乡会发起赈灾捐款，万履占首捐5000两白银。光绪二十五年，又捐500金，在苏州创建东山码头。1912年，万氏独捐5000金，用于家乡东山一带的桥梁、道路、义庄、医药等公益慈善事业。建有霭吉堂、霭庆堂、兰云堂、万家祠堂等明清古宅。

当代名彦：万绍芬，女，曾任中共江西省委书记，是新中国第一位女省委书记。万嗣铨，曾任北京市市长助理，第八届北京市政协副主席，八届全国政协委员兼任第十一届亚洲运动委员会秘书长。万馥香，女，中国音乐学院教授，女高音歌唱家，歌剧《江姐》第一代江姐的扮演者。1964年10月3日晚，毛泽东主席由周恩来、朱德、刘少奇等国家领导人陪同观看大型歌剧《江姐》，接见万馥香等演员，并合影留念。

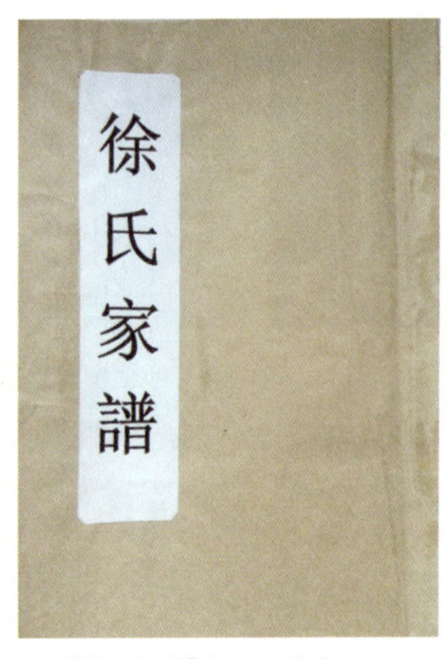

《徐氏家谱》（2016年）

湖沙徐氏 南宋建炎年间（1127—1130）徐氏迁居长圻李湾，今属杨湾屯湾村。清道光《徐氏家谱》载："宋建炎间有徐方景扈驾南渡，自汴梁来卜居洞庭东山之李湾。卒葬李湾西，称汴梁坟，后民间讹叫田螺坟。"明初徐氏始修东山徐氏族谱，因北方南迁时所携旧谱烧毁，世系无考，列明初隐山公徐宗麟为一世祖。主要居住在杨湾村3组、4组（大浜村）、屯湾1组（湖沙村）。

明初以经商起家，正德年间（1506—1521），徐礼携资奔波于湖北荆州、襄阳，数年后家业日隆。徐槚则周游于河南、湖北之间。清康熙元年—十一年（1662—1672），徐明珍、徐联习、徐榜三兄弟，往返于楚湘之间，同心协力，水陆齐行，又与妻弟家合作经营，家业丰厚。徐联习从商于衡湘间，行李中喜爱的书籍总是常随，数十年如一日。徐榜弱冠往返于湘汉之间，善做市场调查，分析行情，捕捉商机，经营日饶，住宅也随之隆起。明清时徐氏在杨湾屯湾、湖沙等村筑有树敬堂、修庆堂、敦仁堂、顺裕堂、怀仁堂、宝顺堂等16座厅堂。

湖沙富室徐春帆，致富不忘回报社会。嘉庆二十三年（1818），他捐资创办仰云书屋；次年捐资修缮虾蟆岭山道，使险道成坦途；道光元年（1821），捐田230亩，作为长洲、元和、吴县三邑乡会试资费；道光五年，他与叶长福在后山石桥创设义渡；道光十年，官府发起疏浚东山至浦庄河道，地方资力不足，工程所缺费用全由徐春帆捐助。

徐氏当代名彦：湖沙徐介灏父子。介灏年轻时从沪返乡，弃商从教，历任东山湖湾小学校长、马堤小学校长及东山中心小学教导主任。长子徐伟荣，苏州市政府研究室主任与党组书记，市委党校客座教授。次子徐卫祖，东山实验小学校长，1990年获全国千名农村优秀体育教师称号。

粹修堂张氏 南宋初年迁东山，原居河南开封，建炎年间（1127—1130）护驾迁居杨湾，现聚居于轩辕宫北面，该村大多为张姓，故称张巷。因其家族代有建筑名匠，又名粹修堂张氏。主要居住在上湾2组（石桥村）、屯湾6组（屯湾村）、屯湾11组（湾里村）。

张氏代有名匠，明初，“粹修堂”张宁曾领役监修京城南京，被南京建筑史书誉为“名匠”。清康熙《苏州府志》载：“张宁，洞庭东山人，元末游金陵，李韩公善长未贵相与善，及韩公为国元勋，以监修京城荐宁，太祖召见，以白衣领役。宁长于土木，设置有方，太祖雅任用之。”后张宁卒于领役监修南京城的任上，葬于南京城外，明清时粹修堂后裔常到南京扫墓。历史上，张巷张氏出了不少有影响的名匠，现杨湾古村中保存的古建筑中，有不少是粹修堂张氏承建的，较有影响的有清末民国初的古建

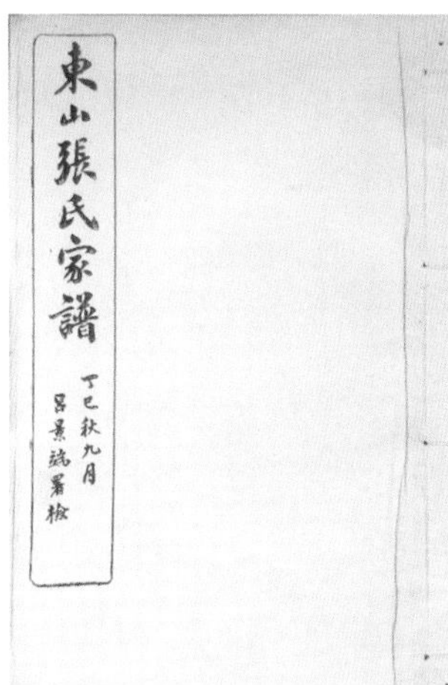

《东山张氏家谱》（2016年）

筑传人张芳清，他秉承家学，精于传统的古式建筑，并能揣摩出新意，与民国时期的建筑风格合拍，还能画一手精致的古建图。经他亲手设计营建（把作）及修缮的建筑物，现东山及杨湾有轩辕宫、雕花大楼、启园、石桥王氏承志堂等。

张氏文士众多。张本，明代古文学者。少年时考试名在前茅，后弃制艺而从事古文，受到当时名流王鏊、都穆、文徵明等推崇，名满吴中。著有《五湖漫闻》《五湖漫稿》等。张延基，清顺治九年（1652）进士，曾任山东蓬莱、四川石泉等知县，也是清初吴中有影响的作家，著述有《东海游草》《燕帆纪事》《蜀吟》等数十部。此外，张氏在历史上所出的作家诗人还有张佐、张舜平、张震、张士俊、张士芳、张士栋等。

咸丰年间（1851—1861），张氏二十一世张平甫弃儒就贾，赴沪经商大获成功，成为沪地商界翘楚，并在故里杨湾修桥铺路，创建救火会等公益设置。长子张武镛（字知笙），曾任上海仁大、森和诸钱庄经理，以及江苏银行理事、钱业公会董事、汉冶萍矿主事等职。因他通晓大义，乐于公益，对社会贡献颇多，光绪年间（1875—1908），朝廷曾授予他四品衔花翎。1917 年，国民政府又奉大总统令，授予张知笙七等嘉禾勋章一枚，以示表彰。

张氏当代名彦：张万本，沈阳市金融办主任。张万燕，美国纽约西州罗格斯大学教授。张崇伟，上海市粮食局高级工程师。张天熙，安徽安顺供电局党委书记，高级工程师。张洪鸣，江苏省特级教师。

现村内张氏遗存有清崇本堂、久达堂、怡澹堂、九如堂及民国保和堂、仁俭堂、张家祠堂及张家弄。

石桥叶氏 南宋中期定居杨湾，始祖为南宋平江太守叶桯。北宋初刑部侍郎叶逵在东山筑别业，后裔孙居于杨湾鸡笼山至陆巷嵩下一带。叶逵八传至叶桯，卒葬杨湾石桥碧螺峰下，被尊为东山叶氏始祖。今裔孙主要居住在上湾 1 组（石桥村）、屯湾 1 组（湖沙村）。

叶氏历史上名宦辈出，科举方面：元、明、清三代出进士与举人 21 名，元代叶颙，明代叶祚、叶汉、叶宗直与清代叶申、叶长福、叶梦熊等。历史上出过 30 多名七品以上官员，较有影响的有明洪武初年陕西布政使叶德闻、清代兴泉兵备使叶灼棠等。民国时的中将叶枝芳、叶禧年和当代少将叶肇宏等都出自杨湾石桥叶氏。

叶氏还是东山历史上出文人最多的家族之一，据统计，从元代至民国的 600 多年

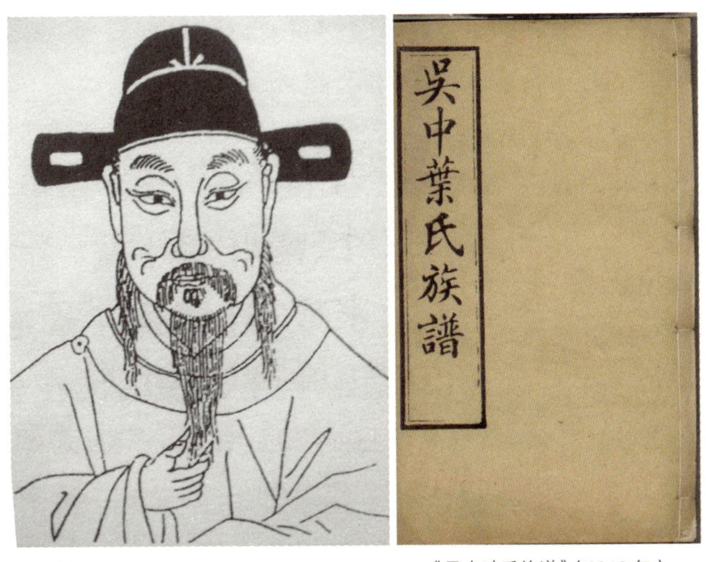

叶程　　《吴中叶氏族谱》（2016 年）

间，叶姓出诗人、作家、学者多达 120 多人。1993 年江苏人民出版社出版的《江苏艺文志》，明清两代东山叶姓作家、诗人就有叶具瞻、叶杰、叶松、叶树廉、叶奕、叶英、叶咏、叶芳标、叶舫等 60 多人，其中石桥叶氏占 80% 以上。在吴中乃至全国有一定影响的文士：叶具瞻，明代江西通州训导，文章有奇气，所作《水云稿》30 卷，对后世有较大影响。叶杰，明末杨湾诗人，著有《湖山漫稿》。叶松，清初诗人，所作诗文疏宕有奇气，人争传诵。叶树廉，清代藏书家，博学嗜古，藏书数千卷。叶芳标，清代诗人，藏书万余卷。一生勤于述著，有《深柳读书堂诗钞》《冰雪篇》《春草》等十多部诗集留世。

元代至民国的数百年间，叶氏有名的商贾达百人之多。元末，叶国英经商淮上，成为吴中富室。明初叶道恒 14 岁就随其父经商宿迁，经商至开封，贸易 3 年，累资数千。明正德年间（1506—1521），叶良辅在山东临清经商发迹，既赈灾又捐官，资财极为雄厚。正德五年（1510），叶良辅同挚友宦官张永密谋，用计诛除了大奸宦刘瑾。同时期的叶秀林，未成年即泛湘汉，北抵邳徐、齐鲁之地，懋迁有无，在外经营 40 年，又将商业交给几个儿子经营。明末清初人叶成荫，起家商贾，但能周人急难，济人困苦，亲旧有难必及时赞助，好义之声闻于齐鲁。叶懋，结婚仅三个月，即外出为同宗富室做伙计。叶达与其弟在嘉定南翔经商获得成功，成为嘉定富户，现南翔园林古漪园即为石桥叶氏清代中期所筑。

叶氏当代名彦：叶衍庆，上海市第二医学院（今上海交通大学医学院）教授。叶世泰，北京协和医院教授，中国变态反应学创始人之一。叶公琦，上海市人大常委会主任，上海市副市长。叶衍增，山西医科大学教授，中国劳动职业卫生学专家。叶绪华，高级经济师，中国银行总行董事会副秘书长。叶潞渊，上海中国画院一级美术师、篆刻家。叶绪寅，海军装备部副政委（正军级）、中国书画家协会常务理事。叶肇宏，辽宁军区副政委、少将。

现村内叶姓遗存有明熙庆堂、景运堂、上湾叶宅，以及清崇仪堂、民国安庆堂等。

石桥王氏　南宋建炎年间（1127—1130）莫厘王氏迁居东山陆巷。石桥王氏是莫厘王氏的一个分支，元末八世王栗（字以润）迁居杨湾石桥村。主要居住在上湾 1 组、2 组、10 组（石桥村）。

明成化二十三年（1487）冬，莫厘王氏十世王鎜远游（经商）归里，在石桥头筑“壑舟园”，竣工之日，从弟王鏊为之撰《壑舟记》；苏城的沈周、蒋藻为之绘《壑舟图》；吴宽、唐寅、祝允明等一批吴中名流前往庆贺，作“壑舟图咏”；京城大臣杨廷和、白钺、涂瑞及成化朝状元李旻、费宏等王公贵族都有贺诗相赠，后王鎜结集刻印，曰《壑舟诗集》，成为吴文化中一笔珍贵的文化遗产。

石桥王氏在明清两代出了 28 位知府以下的官员，也许是他们从小生活在太湖之畔的原因，他们从政后大部分任治水之职，并有多人在治理黄河、淮河、永定河水患中因公殉职。王申伯，清河南祥符同知，嘉庆八年（1803），在组织指挥开封黄河段抢险中因公殉职，卒于工地。道光元年二月初四（1821 年 3 月 7 日），道光帝在乾清宫西暖阁召见知府王仲淮，委以淮河治水重任。8 月下旬，安徽马家营河堤决口，仲淮穿雨衣立坝上，指挥抢险。裂口大坝合龙，仲桂因治水劳累过度，卒于工地，年仅 49 岁。同治六年八月二十八日（1867 年 9 月 25 日），河南祥河县黄河水暴涨，数千人投入抢险筑堤。深夜 11 点多钟，大坝突然裂堤，抢险民工逃离工地，现场抢险的祥河县同知王仁福却来不及撤离，被汹涌的洪水吞没，以身殉职。事后朝廷下旨，对祥河同知王仁福照阵亡将士例议恤，赐祭葬，赐建王仁福专祠，封为河神。

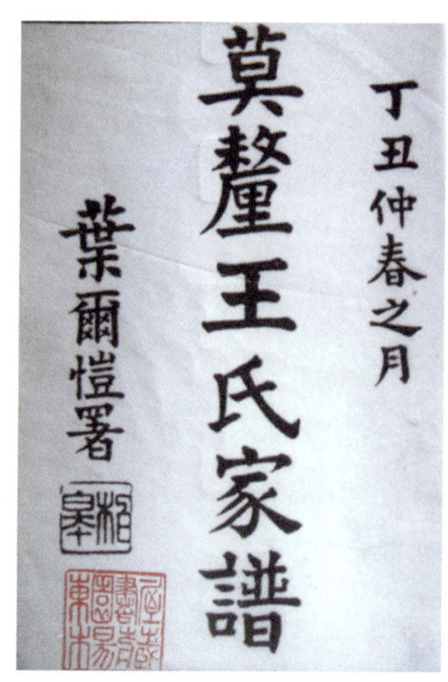

《莫厘王氏家谱》（2016 年）

王氏季彦、季凤、韫之三姐妹（从左至右）（2016 年提供）

清末民国初，王叔榛赴沪习金融，任过上海庆大、庆成、顺康钱庄经理。生有季彦、季凤、韫之 3 个女儿，是中国革命战争年代有影响的光荣母亲，三姐妹的革命大家庭中，有 12 人加入了中共地下党和新四军，有 3 人为民族解放事业献出了宝贵的生命，追认为革命烈士。长女王季彦与同乡叶松麟结婚，生有五子一女。兄妹中有 3 人解放前参加革命工作，新中国成立后担任重要领导职务。次子叶公琦任过上海市副市长、市人大常委会主任等职。次女王季凤生有 3 个儿女，丈夫朱穰丞 1930 年赴法勤工俭学，先后参加法国共产党和中国共产党，曾任中共旅法党支部书记，后在苏联蒙难，先后被苏共中央和中共中央追认为革命烈士。3 位儿女分别于 1938 年、1940 年、1944 年在沪加入中共地下党。三女王韫之与庄祖苓共生有 6 个子女，长子庄德之，1944 年参加新四军；次子庄省之，1942 年加入抗日部队，1947 年在解放战争中牺牲；四子庄就之，1951 年参加解放军，1990 年转业回地方工作。

王氏当代有专家、教授 20 多名：王光华，北方大学教授，中国铁路运输专家，享受国务院特殊津贴。王季卿，同济大学教授，博士生导师，声学专家。王宝善，南京雷达研究所研究员，享受国务院特殊津贴。王己千，画家、鉴定家、收藏家。王益生，漫画家、中国美术家协会会员。王民新，兰州大学出版社编审、西北地区地质专家。

石桥村内王氏遗存有明宏远堂、上湾王宅，清宁远堂、景德堂及民国承志堂等古宅。

石桥朱氏 南宋绍定年间（1228—1233）杨湾朱氏迁居杨湾石桥头。主要居住在上湾1组、10组（石桥村）、上湾7组、8组（上湾村）、屯湾1组、2组（湖沙村）。

朱氏女乐班。据《苏州戏剧志》载，东山朱氏女乐班，明末太学生吴县朱必抡家庭戏班。朱必抡，字珩璧。生于明万历二十九年（1601），崇祯末年遁迹洞庭东山朱巷（与石桥村接壤），面对“缥缈峰”，临湖筑缥缈楼，为其宴乐歌舞演剧之所。朱必抡尝选取紫云等女姬十二人，教其歌舞，组成女乐，朱氏时与诸名士在楼中张乐演剧，诗酒酬答。清康熙六年（1667）三月，诗人吴伟业曾登楼凭吊，题诗壁上，追忆早时女乐演剧事。

历史上朱氏多富商，在明清县乡方志与家谱上记载的大商人有朱安宗、朱良佑、朱济世、朱月屯、朱馥棠等30多人，而清末民国初的朱献淮与朱鉴塘是经商的成功人士。朱鉴塘，弱冠即赴沪地，初习府绸业。能审时度势，开创新业。民国初沪上茧绸全销往洋庄，他游说同道，集股在上海创办府绸业，注册“单鹿”“双鹿”商标。仅数年，声名远播海外，年销达600万～700万金，绸庄经营的府绸出口额位于上海外贸前列，他被推选为上海出口公会会长。朱献淮，名琛，早年在沪从事商业，经营丝绸，与燕、鲁人交游。在上海开设恒兴顺、公信泰等丝栈，推销国产丝于海外，并创办益丰搪瓷厂，事业兴盛，为时所重，多次被推选为东山旅沪同乡会会长。

朱鉴塘

当代名人：朱润生，作家、诗人、摄影家。朱可常，上海歌剧院副院长、上海市舞蹈学校党委书记。朱承中，水电部水利水电建设总局教授级高级工程师。朱耀南，兵器工业部教授级高级工程师，享受国务院特殊津贴。朱筱峰，擅唱“老生”的苏剧演员。

村内朱氏遗存有朱家巷、明善堂、纯德堂、晋锡堂、志仁堂、森玉堂、上湾朱宅及民国务本堂等。

◉ 其他大族

北宋南渡时迁居杨湾的中原氏族，除上述姓氏外，有史可查的还有居氏、陆氏、姜氏、金姓、严氏、翁氏等。

居巷（2015 年）

居氏 南宋建炎年间（1127—1130）迁入，始迁祖居千一，裔孙世代商贾，明中期在杨湾村筑有居巷。现主要居住在上湾 3 组、4 组（张巷村）。保存的古建筑有明居巷、怀远堂及清放素堂等。

陆氏 南宋初年从河南南阳迁杨湾，始迁祖朱希，先从南渡大军至浙东，后迁居上湾。朱希无子，长女赘陆宗显，生子惟勉，朱姓始易为陆姓。世以经商者为多，亦多文士。现主要居住在杨湾 2 组（杨湾村）、上湾 5 组（张巷村）。明清进士、举人有陆鸣皋、陆鸣时、陆万里、陆枢、陆艺，以及民国作家陆澹安等。村内遗存有陆家巷与明明志堂、清上湾陆宅等。

姜氏 南宋建炎年间（1127—1130）迁杨湾，始祖千一、千二公。姜氏原为岳飞部将，岳飞被害后，姜氏离朝隐于东山，并筑玉霏堂（岳飞谐音）以示纪念。村内遗存有姜家巷、姜家弄与清仁俭堂、景运堂等。

金氏 北宋初迁，始迁祖金宪，河南南阳人，政和年间（1111—1118）出任吴县县

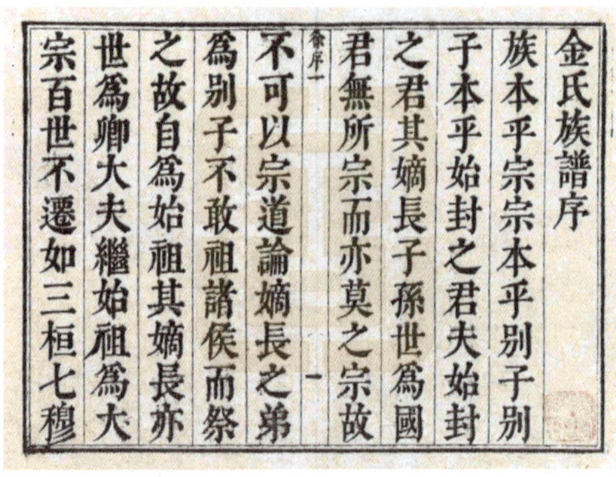
金氏族譜序
族本乎宗宗本乎別子別
子本乎始封之君夫始封
之君其嫡長子孫世爲國
君無所宗而亦莫之宗故
不可以宗道論嫡長之弟
爲别子不敢祖諸侯而祭
之故自爲始祖其嫡長亦
世爲卿大夫繼始祖爲大
宗百世不遷如三桓七穆

大浜《金氏族谱序》（2016 年）

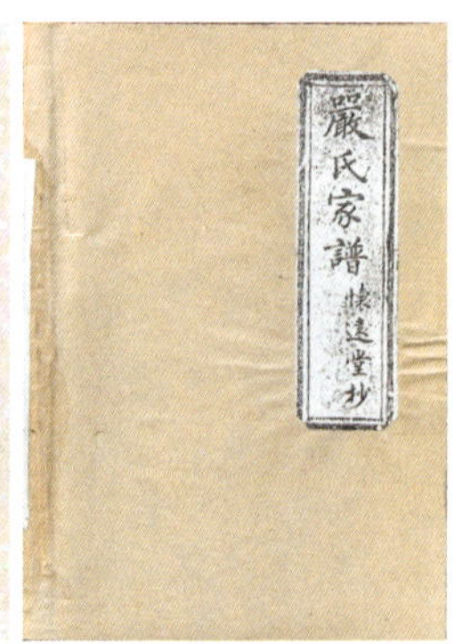

《严氏家谱》（2016 年）

尉，举家迁洞庭东山，所居席家湖头，有唐《柳毅传书》故事中之古橘社，遂名橘社金氏，南宋中期迁杨湾。主要居住在杨湾 3 组、4 组（大浜村），长圻、寺前、湾里、西巷等村也有分布。

严氏 南宋建炎年间（1127—1130）迁入，始祖严万八。《严氏家谱》载，万八在南迁途中被金兵追杀，只身辗转到洞庭东山，得寺庙僧人相助才落脚定居于石桥白豸岭下。后严氏裔孙分为两处，即陆巷严巷严氏和杨湾石桥严氏。石桥村有严家巷、承启堂、严家老墙门等古建筑。

◉ 家谱 家训

据史书记载，历史上杨湾望族共编纂有 30 多部家谱、家乘、族谱，现保存有 18 部，主要有《吴中叶氏族谱》《周氏家谱》《周氏家乘》《洞庭东山周氏支谱》《东山湖沙徐氏家谱》《洞庭东山万氏宗谱》《杨湾张氏族谱》《橘社金氏家谱》等，藏于中国社会科学院历史研究所图书馆、上海图书馆、河北大学图书馆和东山东园书屋。大多数家谱均载有族规或家训，其中周氏家训、张氏家训、金氏家训、王氏家训和翁氏格言等较有特色。

家谱 杨湾村谱牒文化主要体现在叶氏、周氏、万氏、王氏、徐氏等多部族谱与家谱中。

《叶氏家谱》又名《吴中叶氏族谱》，因清末修谱时叶氏裔孙已遍及吴中而名。该谱由叶德辉主持编修，清宣统三年（1911）编成刻印。族谱记述时限从始祖叶逵起，至四十九世止，时间跨度为北宋太平兴国年间（976—984）至宣统三年，前后 900 多年。

族谱共有 66 卷，200 多万字。叶氏家族从北宋至清末，共出了 33 名进士、56 名举人、50 多位名商，谱内附有 58 帧叶氏历代有作为的名臣、名士、名商的人物画像，为江苏吴中地区内容最全面、配图像最多的族谱之一，具有较高的史料价值。叶氏从元明起，因从政、经商、行医而离开杨湾，迁居苏城、常熟、吴江、昆山、湖州、杭州、安徽、南京及上海等地，族谱中共记载有 36 个支派的迁移发展过程。清代叶氏外迁的分支还修有 3 部家谱：清康熙三十三年（1694），叶启绥修《纪革叶氏支谱》7 卷；康熙年间（1662—1722），叶长馥修《东山叶氏续谱》10 卷；光绪七年（1881），叶铨修《叶氏大湖头宗谱》2 卷。

从 2004 年起，杨湾叶氏各地分支先后编纂刊印有 5 部家谱：安徽天长县经德堂《叶氏家谱》（2004 年）、湖南长沙《叶氏支谱》（2009 年）、江苏南京《叶德成支谱》（2012 年），以及《文德堂叶氏家谱》（2005 年）、叶巷《叶氏简谱》（2008 年）。以上叶氏族谱的编纂刻印，使杨湾叶氏家族繁衍有了延续性的记录，并成为凝聚族人精神、弘扬族群文化的重要载体。

《万氏家谱》由杨湾张巷万履成主持编修，清同治十年（1871）万氏蔼吉堂刻印。家谱记述时限从始祖万恺起，上至万氏一世，下至二十三世，时间跨度为南宋建炎二年（1128）至同治十年，前后 700 多年。家谱共 10 册，计 50 多万字。名贤传、志铭中，记载自明至清，家族中 30 多名有影响的商人富而好德，赈济救灾、扶持孤寡、修桥铺路、疏浚湖道等义举。

《徐氏家谱》由徐文荣编纂，清嘉庆五年（1800）五园堂刻印。家谱记述时限从始祖徐宗麟起，上至徐氏一世，下至二十二世，时间跨度为明洪武元年（1368）至嘉庆五年，前后 400 多年。家谱共 9 册，计 30 多万字，家谱中印有近百幅地形图与坟茔图。

家训

周氏家训 1. 爱国，人生源之父母，家族传自祖先，民族来自国家，爱其祖则爱其族，爱其族则爱其国。2. 积德，一事之行，必合天理，若我有利而人有害，若我有益而人有损，若我有安而人有危，均勿为。3. 慎言，祸从口出，言可伤人，不可不慎。若讲道德，说仁义，要心中知其理，然后详细明言，不致有淫邪之谬。4. 知恩，父母十月怀胎，诞生阵痛险难，三年乳哺精血，养育之恩深于海，切不可忘。5. 侍奉，父母呼，事可停，言必止，疾步侍立左右。不吐唾，不高声，不斜眼，不苟笑。6. 兄弟，父母生下一体，分枝连气合称手足，一手不能举二手，一足不能行二足，乃为同胞之情。7. 守身，身体发肤受之父母，不行险难之事，不为斗狠之勇，不贪酒色以耗身，不乱作非为而犯法，此为守身。8. 乡党，四邻十家干系相连，贼发火起祸福相关，远亲不如近邻，最要和睦。大户不欺小，小户不妒大，红白大事往来，贫病孤寡互助，情谊深而乡党睦。9. 延师，凡请先生必细访有德行，师范严明有坐性，少交游者延请，若不问好歹即延，必误子弟学业。10. 胎教，寝不侧坐，行不边立，不食邪味，食不正不食，席不正不坐，目不视邪色，耳不听淫声，夜则诵读诗书，此胎教之不可失也。11. 入学，凡蒙童上学先识方字二三千，即解字意，然后念书。要教他端坐对书专心，眼看句读明白，声韵清朗，不可勉强贪多，唯精熟为主。12. 赖学，孩童赖学皆由父母姑息所致，故养子必教，教则必严，严则必勤，勤则必成，风俗可正矣。13. 习艺，子弟十六七岁，若其资质不能读书，可嘱其商贾，必习一业。若因无事闲居在家，而涉赌博之场、游戏之所，斗狠之伍，养成放荡之气，父母悔之晚焉。14. 教女，凡女子六七岁可教纺织，十岁习女红，十四五岁读古文，然后大通大用，小通小用，不通家用，教女之事大矣。15. 朋友，有益友损友之分，交友应视其行止端正，博学多才，忠信仁厚，慈祥恺悌者交之。

张氏家训 1. 忠君爱国，孝顺父母。2. 兄爱弟，弟敬兄，团结邻里。3. 夫唱妇随，和睦为主。4. 尊老爱幼，各尽其道。5. 交友慎重，不交酒肉之友。6. 妯娌犹姐妹，兄弟间有不睦，暗中宜规劝和好。7. 凡事诚意待人，尽己之力，帮助他人。8. 凡事放开一步，皆可过去，尽仁义天道，其后必昌。9. 重一生之名节，拒羞恶之心，知廉耻与人为善。10. 勤则富，惰则穷，愚拙者由勤而智，贫贱者由勤而富。11. 小不忍则乱大谋，修身齐家忍为先。12. 让一得百，争十失九，礼让为上。

金氏家训 1. 积金积玉，不如积书教子。2. 积善之家，必有余庆；积恶之家，必有余殃。3. 为国尽忠，为子尽孝，为兄尽爱，为弟尽敬，方为人之德行。4. 读书明理，通达古今，庶知利害，学做好人。5. 延师训子为百年之计，必寻得人品端方，学问渊博者，方可规范子弟。6. 节俭为治家之要，必须量力而行，若只图好看而举债，贻害无穷。7. 立身务要端严，赌烟两字不可涉，荒淫之心不可有，不然家产荡尽，悔之晚矣。8. 酒以合欢，亦以取祸，凡朋友亲戚会饮，决不可沉湎。9. 兵犹火，讼犹兵，诉讼破其家。凡有讼端切不可轻诉于官，乡党中正之语，争纷遂息。10. 君子立身行己，每事务走正路，一言一动皆需遵礼仪之法。

王氏家训 力学，何谓力学？即尽我之力，以学一业，业成藉以糊口，藉以赡家。学而不力，则所业不精，无以立身，无以顾家。在家为生食废人，在国为无业游民。持身，何谓持身？即保养与做人。身体发肤，受之父母，不敢毁伤，谓之孝。近见富家子弟，放纵自毁其身，不孝不义莫大于如此。田间劳作农夫，贫寒子弟，大多身体强壮，疾病甚少，故勤劳之人才能强身与持身。承家，何谓承家？近人但知子孙能守其资产，或能十倍百倍增其产，即为能承其家，此实为大误。有担当，敢作为，能舍己为国，能以民族大义为重，以天下为己任者，方谓承家。应世，何谓应世？以诚信待人，正直交友，谨慎处事，谦让涉世。经营一业，须先虑其失败如何，而后投资。与人交易，务求公平，宁可稍吃小亏而不损人利己，为应世之道。

翁氏格言 一念之善，吉祥随之；一念之差，厉鬼随之。至乐莫如读书，至要莫如教子。富时不俭贫时悔，闲时不学用时悔。安分以养福，宽胃以养气，省费以养财。无远虑必有近忧，不争小失而争大体。先藏拙而后鼓勇，始算难而后图前。天下有二难，登天难，求人更难；天下有二苦，黄连苦，贫穷更苦；天下有二薄，春水薄，人情更薄；人间有二险，江河险，人心更险。知其难，守其苦，测其险，可以闯世矣。

灵源冬雪（2012 年）

名人与名村

杨湾村得南宋遗泽，人杰地灵，名人辈出。从南宋起，先后有叶氏、周氏、朱氏、徐氏、万氏、张氏、邹氏、孙氏等中原大族迁居杨湾，其裔孙或为官，或经商，或从文，或行医，元明清三代，杨湾村出了数以百计的名臣与名商。

◉ 人物传略

叶桯（生卒年不详） 字叔轸，南宋杨湾石桥人，叶梦得次子。历官浙江临安通判、永州太守、中奉大夫。叶桯筑宅定居杨湾铁拐峰（亦名碧螺峰）下，娶金氏，生节、箕、箹三子，均定居东山。清《太湖备考》载，中奉大夫叶桯与兄栋皆隐东山石桥碧螺峰下，山中人称桯公，今犹号“桯公墩”。叶桯卒葬后山白豸岭下，被尊为东山叶氏始祖。从明洪武年间（1368—1398）起，叶桯后裔逐渐迁居西山、苏城、常熟、同里及汾湖等地。明清时迁居各地的东山叶氏后裔在科举上极有成就，出了多名进士和举人。

殷训（？—1564） 字思式，明代东山陈（澄）湾人。猎户，葑山抗倭营队长。嘉靖三十四年（1555）农历五月，倭寇犯太湖，吴县县令康世耀到东山，招募1000多名乡兵，命殷训为队长，在葑山上扎兵营抗击倭寇。殷训受命后备厚礼至长兴，招聘上百名善使弓箭的猎户至葑山营。对招募的乡勇，又请尚武之人进行严格训练。农历五月十六日，倭寇再次来犯，殷训一声令下，葑山营水陆两军一齐向敌寇发动进攻。吴江水师也得到敌情，100多艘战船从太湖南面厮杀过来，两面夹击，倭寇大败，歼敌大半，余寇往常熟方向逃窜。

张延基（？—1663） 字埴允，号芙屿，别号漱园子，清代东山杨湾人，顺治九年（1652）进士。山东蓬莱、四川石泉知县；诗人、作家。先世流寓金陵，占上元，为县诸生，食饩禀。因家境清贫，曾寄僧舍读书，三年不归。初为山东县令，受命后，只带一兵一仆至蓬莱，因无住处，栖息在一破庙内处理各种事务。他深入村寨，问民疾苦，召集流亡，缓催科，勤抚民，免除百姓迁徙之役。继至四川石泉任县令，在境内建堂庑、治书室，修缮文庙仓库，使之焕然一新。在该县为官13年，劝导农民垦荒耕种，制定耕织、种树、放牧、储藏等条教，自己还不厌其烦，一一核查。又倡导勤俭持家，禁止民间嫁娶奢侈比阔之风，使石泉大治，政绩考核列川蜀第一。因积劳成疾，英年卒于任。为官清廉，卒后蜀民凑钱遣其归葬。

李敬（1619—1672） 字圣一，号退庵，清代杨湾石桥人。顺治二年（1645）乙酉科举人，顺治四年丁亥科进士，官至刑部侍郎。祖上以商贾为务，父亲因在六合县竹墩里商贾，他随父寄籍六合。顺治丁亥中进士后，始授行人，考选广西道御史，诸多建树，擢湖广兵备道。时值明清之交，战争对生产造成很大破坏，田地荒芜，民不聊生。李敬在湖广任上，向上请免租税，百姓交税改折黄绢，民皆称道。他还到军队犒赏士兵，指挥征剿盗贼，因功升太仆寺少卿，通政司宗人，刑部右侍郎转左侍郎。为官清廉，待人忠厚，又谨言行，慎出入。卒后朝廷赐葬。著有《退庵集》12 卷行世。

王叔蕃（1849—1909） 字晓峰，号念劬。清代杨湾石桥人，商人。其一生充满传奇色彩，咸丰十年（1860）农历四月十三日，太平军攻克洞庭东山，12 岁的王叔蕃被太平军所掳，被军中一位王爷收作义子。他随军转徙江浙皖诸省，整日担惊受怕，备尝军旅艰辛。过了 5 年，17 岁时终于寻机得以脱逃回到东山。越年赴沪，经胡雪岩举荐在沪地左宗棠处佐理西征粮台，负责购置军械，转运粮饷等事务。他办事尽心尽力，克勤克俭，得到左宗棠赞赏。新疆战事平息，左宗棠保举他为新疆县令。接着，他又经办了吉林边防和郑州防汛诸事，皆完成得极为出色。盛宣怀创办轮船招商局，派王叔蕃前往，他任劳任怨，使业务蒸蒸日上，盛保荐他任知府，分发浙江候补。

张知笙（1863—？） 名武镛。东山杨湾人，民国初期商人。生平好读书，通大义，性刚直，乐于助人，喜出入文董之肆。擅画芦雁，有声于艺林。年少时习业于上海钱庄，曾任仁大、森和诸钱庄经理及江苏银行理事，并为上海钱业公会、汉冶萍矿、轮船招董局董事；东山时疫医院、苏州旅沪同乡会、莫厘三善堂、洞庭东山会馆等董事；上海总商会议员、商会公断处处长。洞庭东山旅沪同乡会的最初发起人，被推选担任过同乡会第七、八届会长。在职期间，组织乡贤争回太湖中大、小鼍山主权，兴筑杨湾街道，创办后山燕石小学和智生义务小学等公益事业，对乡梓贡献很大。1936 年国民政府江苏省省长颁赠给张知笙一块“履信蹈仁”匾额，表彰他为社会做出的贡献。

张知笙（2016 年提供）

朱穰丞（1901—1943） 名成湘，东山屯湾人。中国近代话剧先驱之一，编导、记者，革命家。1921 年在沪创办“辛酉学社”，自编自导自演话剧。1925 年又在上海创办《莫厘沪报》，刊登故乡东山的风土人情及新闻。其间加入中国左翼戏剧联盟，在中共上海地下党领导人潘汉年的指导下参加革命工作。1931 年赴法勤工俭学，先参加法国共产党，继又加入中国共产党，在法国时曾担任中共旅欧支部书记及国际反帝同盟负责人。主编《救国时报》《反帝》等革命刊物，被法国当局三次驱逐出境。1933 年辗转到达莫斯科，入国际革命戏剧同盟工作。1938 年被苏联内务部以“莫须有”的“间谍”罪逮捕，判刑八年投入监牢。1943 年因病死于西伯利亚劳改营地。1989 年苏联最高苏维埃发布命令，为朱穰丞平反昭雪。

朱穰丞（2016 年提供）

陆澹安（1894—1980） 原名衍文，字剑寒。杨湾人。作家。幼随家人赴沪，就读于沪南民立小学，以优异成绩考入上海江南学院法律科。毕业后先后在同济大学、上海商学院、上海医学院讲授国文，并与人合办过大经中学，任教务主任；一度担任过正始中学校长。长于文学，参加过南社和星社。亦喜研究电影和戏曲，担任过上海中华电影公司和新华影片公司的编剧和导演。还与洪深等创办电影讲习班。张恨水的《啼笑姻缘》问世不久，他便将其改编为《啼笑姻缘弹词》，在书坛上弹唱，轰动一时。一生以教书为生，兼任过世界书局、广义书局的编辑及哈瓦那通讯社的中文主笔。在世界书局，他以莽书生等笔名发表过《游侠外传》《李飞探案》等作品。新中国成立后其主编的《小说词语汇释》《戏曲词语汇释》等典籍，成为常用的工具书。

陆澹安（2016 年提供）

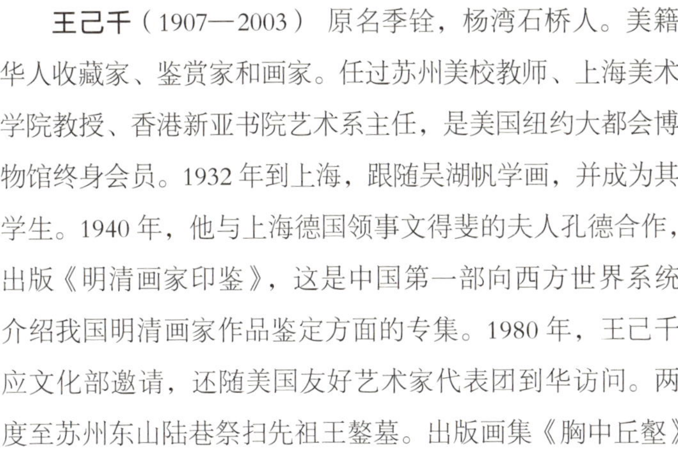

王己千（1907—2003） 原名季铨，杨湾石桥人。美籍华人收藏家、鉴赏家和画家。任过苏州美校教师、上海美术学院教授、香港新亚书院艺术系主任，是美国纽约大都会博物馆终身会员。1932 年到上海，跟随吴湖帆学画，并成为其学生。1940 年，他与上海德国领事文得斐的夫人孔德合作，出版《明清画家印鉴》，这是中国第一部向西方世界系统介绍我国明清画家作品鉴定方面的专集。1980 年，王己千应文化部邀请，还随美国友好艺术家代表团到华访问。两度至苏州东山陆巷祭扫先祖王鏊墓。出版画集《胸中丘壑》

王己千（2015 年提供）

《王己千书画集》等。2004 年 7 月病逝于美国纽约，享年 97 岁。

刘鸣（2015 年提供）

刘鸣（1924—1952） 东山杨湾人，北京新华通讯社记者。13 岁至上海谋生，进国信银行当练习生。1945 年离沪至丹阳参加新四军游击队，1946 年入山东大学学习，同年 7 月加入中国共产党。后又转入华东军政大学学习，毕业后分配到 28 野战部队 28 支社当随军记者。1949 年随解放军百万雄师横渡长江，报道部队战斗事迹。同年 8 月，又随军南下福建，采写了《解放军进入福州市》《解放军某部不顾酷暑追残敌》等通讯，分别刊登在《上海前线》《福州日报》上。1950 年调入北京新华通讯社总社军事组工作，负责编辑抗美援朝军事报道。1952 年赴朝鲜战地采访。是年 8 月 6 日，美机轰炸上甘岭，由于坑道被炸塌而牺牲在上甘岭坑道中，年仅 28 岁。

朱承中（2010 年）

朱承中（1928—2014） 东山屯湾人。教授级高级工程师。1944 年在上海育才中学加入中共地下党，参加、组织进步学生运动，1946 年考入复旦大学，1949 年上海解放前后，担任复旦大学学生会主席，1950 年复旦大学土木水利系毕业，分配到华东水利局工作，先后任副所长、计划科科长、设计科科长、水利水电建设总局副处长、处长，1979 年至 1990 年任水利部计划司副司长兼规划设计院副院长、水利水电建设总局副局长兼水利部南水北调规划办公室主任等职，还兼任中国水利学会理事。

◉ 名人与杨湾

王鹏灵源寺设学馆 元至正年间（1341—1368），河南偃师（今河南缑氏镇）名士王鹏，以世乱避隐洞庭东山，就居灵源寺，后隐居于干山岭之北，建缑山宅于岭上。一生博洽经史，不愿为官，屡征不出，在东山灵源寺设馆授徒，人称缑山先生。灵源寺是杨湾历史上开办的一所寺院学校，所收学子大多为杨湾、石桥、澄湾等叶氏子弟。学生叶颙元末考中举人，王鹏赋诗称赞云：“碧螺峰下灵源寺，草木无多屋半荒。一自先生戠居此，山云山雾尽文章。”灵源寺建于南朝梁天监初年，至元朝已极为破败，僧舍也大多荒芜，自从王鹏在寺中设馆授徒后，古庙重新振兴，明清时一直为后山学馆，南宋石桥村的周氏、朱氏、叶氏、王氏子弟大多在庙中学馆读过书，出了好几位进士与举人。近朱者赤，后来灵源寺的僧人也会作诗，清吴庄《七十二峰足徵集》“方外”一卷中，记载了灵源寺12个诗僧。

王鏊游杨湾留石刻 王鏊晚年在东山生活14年，杨湾是他常去游览之地，留下了大量诗文与摩崖石刻。《王鏊诗文集》中，有《能仁寺》《灵源寺》《弥勒寺》《碧螺峰》《饭石峰》等22首赞颂杨湾的古诗。他游览之处，不少地方留下他的摩崖石刻，在杨湾境内就有十多处，现保存完好的就有览胜石、碧螺峰、泗州池、雄磺矶等摩崖石刻。最有名的摩崖是碧螺峰，在灵源寺后张巷山上。峰高120米，山岭多异石。该峰是江南名茶洞庭碧螺春茶最早的产地。碧螺峰摩崖朝西仰卧，巨石上镌刻“碧螺峰”3个大字，仍清晰，而南侧一方小字已风化，无法辨认。据民国叶承庆《乡志类稿》载：“碧螺峰，在杨湾石桥村，明正德八年王鏊题。”现碧螺峰摩崖已成为杨湾古村的一处景观，崖旁有2002年所

王鏊览胜石（2010年）

筑碧螺亭，亭中匾额“碧螺亭”三字为画家亚明题。

文徵明、徐祯卿合刻《太湖新录》诗集 明弘治十五年（1502）农历十月，文徵明和徐祯卿结伴到东山游览一周，主要游览了杨湾能仁寺、弥勒寺、灵源寺、灵顺宫（现轩辕宫）等古寺庙，写下大量赞颂杨湾名胜古迹的诗作，后两人结集并刻印，取名《太湖新录》。诗集中有游览灵源寺、能仁寺、弥勒寺等诸古刹诗12首。文徵明《宿灵源寺》诗云："夜随钟梵入灵源，一笑虚堂解带眠。旋接僧谈多旧识，偶依禅榻岂前缘。"徐祯卿《游能仁寺》曰："家城岁晚欲回舟，山寺携衾作夜游。爱月不妨寒步影，举冠微觉露濡头。"文徵明、徐祯卿的《太湖新录》诗集刻印后，杨湾古刹名声大震，成为苏城名士游东山必到之地，明清两代留下数十首诗作。

吴伟业登石桥缥缈楼 吴伟业，清初“江左三大家”之一，与东山席家是姻亲。清康熙六年（1667）初夏，他在东山游览活动了20天，几乎游遍东山所有的景点，留下的五言诗多达21首，其中描写杨湾等村景观的诗作十多首。在友人带领下，他到后山游览，见沿路许多无名山水，极为喜爱，竟在后山村里一连住了三天，流连忘返，还在当地山村交了几位知心朋友，并以杨湾景色和友人为题作诗多首。其《过友人饭》诗云："碧螺峰下去，宛转得山家。橘市人沽酿，桑村客焙茶。溪桥逢树转，石路逐滩斜。莫负篮舆兴，夭桃已著花。"石桥景德里缥缈楼为明末朱氏女乐班演剧之处，吴伟业慕名一游，他在《登朱氏画楼》一诗小序中云："东洞庭山以山后为尤胜，有碧山里朱君筑楼教其家姬歌舞。君每归自湖中不半里，令从者据船屋作铁笛数弄，家人闻之皆出，诸姬十二人艳妆凝目指点归舟于烟波杳霭间……余偶以春日过其里，虽帘幕凝尘，而湖山晴美，楼头有红杏一枝，傍檐欲笑。为余言，君生平爱花，病困犹扶而沥酒，再拜致别。诸妓中有紫云者，为感其意，至今守志不嫁。"

归庄长圻山探梅记 清顺治十七年（1660）正月，归庄应东山友人之邀，渡湖赴东山长圻观梅。吴中梅花以光福、玄墓为胜，每至入春，进山看梅游人不绝，这一年归庄却舍近求远，赴僻远的东山长圻赏梅，可能除了观梅，还有一层用意，那就是同蛰居山中的路苏阳等反清志士相聚，以吐心中亡国之恨。归庄初到东山，梅花尚未开放，居住在路苏阳家中，一连数日埋头笔墨。十八日天明，杨湾友人周东藩作陪，至长圻李湾，观梅花。先至梅花最盛处李湾赏梅，又至长圻嘴观湖。怪石嶙峋，与西山石公相望。登高丘，山坞湖村十余千米，琼林银海，皆在目中。过能仁寺，寺中梅数百株，树尤古，多苔藓斑驳，晴日微风，飞香满怀，归庄等遂置酒梅树下。当晚，众人散去，独归庄宿寺之翠岩房中。第二天，寺中老僧为向导，策杖寻花，高下深僻，无尽不到。他们先后游览了西方景、览胜石、骑龙庙。每日或携酒，或携茶，或携棋，望见者以为仙人。山中友人，知归庄在寺中，多携酒至，待于花下，往往对客吟诗挥毫，无日不醉。归庄回家后撰《洞庭东山观梅花记》，东山梅花名声大振，后“长圻探梅”被列为东山“古十景”之首。

李根源杨湾访古探幽 1929 年 6 月 25 日至 7 月 4 日，李根源访东山期间，在杨湾访古探幽 5 日。19 日，苏州胥门搭东山轮渡，有杨湾居颂武陪同入杨湾，登陆乘车，过油车河至张港，宿石桥乡镇局。20 日，游杨湾敬德里王氏宗祠，华堂雅室，曲廊小桥，老木青葱，绿柳依垂，名宅也。旧为朱必抡缥缈楼，即《梅村集》中朱氏画楼。24 日，参观燕石、碧螺两学校及登善医院，游胥王庙，古名杨湾庙，奉吴相伍大夫。入灵源寺，罗汉松一本，大可数抱，蟠崛扶疏，殿庭荫满。小坐可月堂，煎灵泉，试碧螺春，别饶风味。登碧螺峰，上演武墩，再攀桯公墩，终至嵩峰顶。25 日，自杨湾赴湖沙村，望白浮山，过东西巷、长圻嘴、湾里，至能仁寺，寺废。泗州池水色白味甘，足与天平乳泉比美。27 日，至杨湾访颂武父子，登古香室，品茗言杨湾访古探幽之获。

李根源住过的居氏书房（2016 年）

王人美避难杨湾安庆堂 1937 年上海沦陷后，日本人对上海的文艺事业进行摧残，爱国进步的文艺界人士纷纷出走。电影表演艺术家王人美不愿为日本人拍片，她想起了当年拍摄《渔光曲》时，曾居住过的东山杨湾叶氏老宅。她先写了一封信给叶先生，信中说想到你那里住些时日，叶先生回信表示非常欢迎。几天之后，叶先生在码头接到了

83 岁居绍芬向人介绍祖父接待李根源（2016 年）

这位名噪一时的大明星。王人美在杨湾叶氏安庆堂里一住就是半年，直到日本人寻找她的风声过后才回到上海。原来三年前的1934年，王人美随电影《渔光曲》剧组到东山杨湾拍外景。《渔光曲》的故事发生在东海，剧组一开始选择的拍摄地在浙江象山一带，但因为剧组里好几位演员吃不惯海货，所以剧组临时决定凡带海的戏全部在象山拍，不带海的戏换一个地方拍。片中饰演徐小猴的韩兰根是江苏吴县人，据说他的外婆就在苏州东山，建议摄制组到东山拍戏。导演蔡楚生到东山一看，发现这里的景色优美，无论哪个角度都非常适合拍摄，后山太湖边的杨湾小镇更理想些。王人美随剧组乘船来到杨湾，就住在叶氏安庆堂里，并同主人叶先生交了朋友。王人美主演的《渔光曲》于1935年在苏联第一届国际电影节上获荣誉奖。

朱恩馀情系杨湾教育　1988年春，香港翔龙有限公司董事长、香港朱敬文奖学基金会主席、香港善源基金会会长朱恩馀到杨湾华侨公墓安葬祖父朱幼山。返回途中，参观湖沙小学校，见校舍陈旧，设施落后，便主动提出捐款15万元港币重建湖沙小学。是年4月动工，9月落成。新校舍有仿古建筑教育楼一幢，教育活动区及其他建筑24间，计670平方米，外围墙长86米，以其祖父之名命名为东山幼山小学。2007年朱恩馀又捐资120万元港币重建杨湾幼山小学，于10月27日竣工，学校占地0.69公顷，建筑面积2700平方米。

朱恩馀还先后为东山实验小学、中心小学、陆巷小学、渡桥小学和实验小学新校舍捐资12次，计人民币1093万元，港币65万元，图书8000册。此外还为东山捐赠救灾款100万元港币，向华侨公墓赠人民币10万元。在苏州大市范围内为15000余名优秀学子颁发奖学金2300多万元人民币，为32个教育、医疗单位82个项目提供捐助款9230万元人民币。

李政道归葬夫人秦惠箬　1997年6月22日，美籍华裔物理学家、诺贝尔物理学奖获得者李政道及其家人，赴东山杨湾华侨公墓三区，安葬妻子秦惠箬及李政道秘书的骨灰，并举行安葬仪式。下午，小车至公墓三区门前停下，李政道捧着骨灰盒走向墓地。骨灰盒下葬时，工作人员再三劝阻，但李政道坚持要亲自跳下墓穴安放妻子的骨灰盒，无奈已70岁高龄，差点跌倒在墓穴里，被墓区工作人员扶住。2002年12月，《东山镇志》出版，李政道为之题写“了解历史，弘扬科学。建设东山，面向世界”表示祝贺。

附：历代进士、举人名录

叶颙　字伯昂，元至正二十五年（1365）乙巳科举人，浙江和靖书院山长。

叶廉　字宗俭，明永乐元年（1403）癸未科举人，江西广信府上饶知县。

陆万里　字季鹏，明万历二十八年（1600）庚子科举人，南雍县拔贡。

陆枢　字公荣，明崇祯六年（1633）癸酉科举人。

李敬　字圣一，清顺治四年（1647）丁亥科进士，广西道御史，湖广兵备道，刑部侍郎。

张延基　字埴允，清顺治九年（1652）进士。山东蓬莱、四川石泉知县。

周而淳　字黎同，清顺治九年（1652）进士。户部主事、广西清吏司员外郎，顺天府乡试同考官。

邹儒　字汝为，清顺治十一年（1654）甲午科举人，浙江严州遂安县教谕。

周道泰　字通也，清康熙九年（1670）庚戌科三甲五十五名进士，户部主事。

张绥　字世南，清康熙三十八年（1699）己卯科举人，上海华亭县学。

叶介明　字式与，清乾隆二十七年（1762）壬午科举人，内阁中书。

张熏　字煦谷，清嘉庆三年（1798）举人，安徽来安教谕。

叶本礼　字修耕，清嘉庆十五年（1810）庚午科举人，国子监学正。

周邦翰　字季谦，清光绪五年（1879）己卯科顺天举人，江西广信府兴安知县，九江同知及饶州知府。

杨湾晨曦（2016 年）

大事纪略

在杨湾漫长的历史岁月中，发生过许多大事、要事。南宋朱氏建造震泽底定桥，元朝王氏修缮灵顺宫，明中期王鏊舟举办“鏊舟雅集”，清末朱氏撰写刻印的《洞庭东山物产考》，以及抗日战争时期杨湾人民的“护书”斗争，均在杨湾与东山历史上产生过重大影响。

◉ 朱氏建造震泽底定桥

石桥村原有一条山溪，宽达 4 米，从村中流过。每至春夏雨季，山洪暴发，常淹没村庄。南宋绍定五年（1232），村人朱安宗发起建桥，该桥工程浩大，费用极大，朱氏家族出资大半，不足部分由村中叶、王、陆诸姓出资。半年时间在村中建起一座长 2.82 米、宽 4.2 米的单孔石拱桥，还在桥面石板上筑起了一座亭子，以方便村人进出村子遮阳避雨。石桥取名震泽底定桥，因太湖古名震泽，大禹治理太湖水患时有“三江既入，震泽底定”之说，其桥名即取禹王治水底定“震泽”之意。而村人习称“石桥”。明成化十一年（1475），又暴发洪水，石桥的坪砻都被大水冲毁，安宗后裔朱济民又发起村民重修，得村中各姓响应及赞助，使石桥恢复旧观。清乾隆五十二年（1787），石桥年久失修，尤以桥堍坪砻损坏严重，雨后难以行走。村中朱氏、叶氏等又捐钱捐物，再次整修桥身、坪砻，还铺筑南至方里、北至牌楼的一条官路。震泽底定桥历经 700 多年，如今仍保存完好。石桥北侧桥堍与南侧壁间，分别砌有明成化《重修震泽底定桥记》及清乾隆《修筑石桥平磐和官路记》石碑，详细记载震泽底定桥的建造与明清修缮经过。

震泽底定桥桥面（2015 年）

◉ 重建与修缮灵顺宫

灵顺宫即今轩辕宫，始名胥王庙，为纪念吴国大夫伍子胥，建于唐贞观二年（628）。明崇祯《吴县志》载："庙创于唐观二年，宋高宗南渡时扈跸官军分道经湖，风涛不可航，祷神立应，为遣官齐金葺治……"宋代修缮后改名灵顺宫、显灵庙等。灵顺宫至元初已坍塌，元至元四年（1338），东山北望人王烂钞重建。王烂钞，名彦东，号万一，莫厘王氏七世，其祖曾出赘北望叶氏，后归宗。王烂钞经商发迹后，出资重建杨湾灵顺宫。现轩辕宫正殿内额枋下保存有：元季里人烂炒翁王万一始创，前明太仆寺席本桢同夫人吴氏……清顺治乙未岁孟夏吉日，二十八都胥扶土地界里人姜锡藩乐施敬志等记载。灵顺宫元季重建后仍志旧名。至20世纪30年代，因正殿改祀汉族始祖黄帝，黄帝生于轩辕之丘而殿名改称"轩辕宫"。

◉ 明代石桥村举办"壑舟雅集"

明成化二十三年（1487）冬，王鏊仲兄王鎜在杨湾石桥筑一处园林，名"壑舟"，竣工之日，在石桥村举办"壑舟雅集"，时任翰林院侍讲的堂弟王鏊为之撰《壑舟记》，吴中名士沈周、蒋春州绘《壑舟图》。沈周、祝允明、唐寅作和诗，誉为吴中盛事。王鎜，字涤之，号壑舟，高隐不仕，以商贾为务，家饶富。晚岁倦游，筑室于洞庭之石桥头，以自号"壑舟"名之。取名壑舟，含藏舟于壑，隐而不出之意。王鏊《壑舟记》云："壑舟之义，盖取诸庄周之言……水以载舟，亦以覆舟。"沈周所绘《壑舟图》，画面上，一叶扁舟，半藏于岩壑之中。一老者在舟中弓腰而坐，神情怡然自得，却眺望谷口。给人一种隐而不露，却又舍而不弃之感，其意境极为深远。唐寅《壑舟图咏》诗云："洞庭有奇士，构室栖云霞。窗槅类画舫，山水清日嘉。"因王鏊的关系，远在

沈周绘《壑舟图》（2016年提供）

京城的状元李旻、费宏，大学士杨廷和等十多位显贵都送来了贺诗，王鏊把图、诗结为一集，称《壑舟图咏》。现《壑舟图》与名流贺诗分别藏于苏州市及吴中区博物馆。

◉ 朱琛撰写刻印《洞庭东山物产考》

清光绪三十三年（1907），杨湾湖沙人朱琛在父亲朱稚邨的支持下，开始撰写《洞庭东山物产考》一书，他遍访东山农户采记资料，经过调查、考察，采集了大量第一手材料，历时14年，至1921年编撰刻印《洞庭东山物产考》一书，共4卷：卷1列4部38种，卷2列6部38种，卷3列10部39种，卷4列5部33种。总共25部类，148种作物品种，书中还详解洞庭各种物产的特性、功能及培育技能等。这是太湖流域有史以来第一部乡镇物产专业志，促进了东山农业生产的发展。朱琛早年在上海继承父业，开设恒兴顺、公信泰等丝栈，大力向海外推销国产丝，并办益丰搪瓷厂。事业兴盛，多次被推选为洞庭东山旅沪同乡会会长，任职期间，积极参与东山公益事业，对家乡文化尤其热爱，1925年在上海创办《莫厘沪报》，以沟通信息，联络乡情；1934年联络席启荪等7名同乡，集资2万元（合当时165吨米的价格）在杨湾屯湾山麓创办东山农业股份有限公司，专事培植林、果、蔬、棉、谷类品种改良，现东山农业股份有限公司遗址尚存。

◉ 1929年创办登善医院

1929年夏，杨湾张巷村创办登善医院，为东山第一家中西医相结合的综合医院，王宪臣捐资创办。其父汉槎，以行贾起家，乐善好施闻名乡里。宪臣自幼承庭训，好读儒书，成年后承祖业，赴沪经商，事业兴旺。性爽直，好施舍，凡邻里赈恤之事，他均积极参与，曾出资在后山杨湾等村创积谷仓，丰年入，灾年出，以解决村人灾年的生活。清光绪三年（1877），王宪臣因赈济灾有功，被朝廷授予同知衔。1928年盛夏，东山瘟疫蔓延，村人因失医而死亡的人很多。1929年，王宪臣将张巷旧居献出，又捐资进行修缮，开设

登善医院旧址（2016年提供）

张巷登善医院，设有门诊部、药房和病房区三部分，为乡人免费医治，救治了杨湾数以百计村人的生命。对湖沙、长圻等杨湾边远地区，登善医院还送医送药下乡。1938 年，因抗战事发医院停业，1943 年复业。现登善医院门诊部、药房已破损，病房区保存完好。

◉ 鉴塘小学藏书护宝

苏州图书馆成立于 1914 年，1937 年时馆中藏书有 10 万多册，其中不少善本，宋、元、明三朝古籍和清代的精刻本，素为海内外学术界所称誉，亦为日军所觊觎。1937 年 8 月 13 日，正当日军挑起沪战时，图书馆馆长蒋吟秋通过好友杨湾人宋吟樵的关系，安排主任徐湛秋、馆员夏文光押送首批图书 8 大箱藏于杨湾朱家祠堂鉴塘小学（现明善堂），请小学校长周知莘以当地人身份，负责保管。

1938 年 1 月 28 日，千余日军，以“剿匪”为名开进东山，进行搜查。鉴塘小学处境岌岌可危，周知莘忧心如焚。时“后山镇镇长”汪其成，获悉有位曾在日本某大学任教的老乡亲叶功甫教授，适到家乡避难，住邻村（陆巷村），周知莘和汪便去登门拜访，请叶教授出山。经他同日军周旋，方停止搜查，大队日军返苏州，鉴塘小学藏书第一次幸免于难。

1944 年夏，敌伪“清乡”部队又开至东山，并驻在杨湾鉴塘小学附近的轩辕宫，派密探到处刺探藏书之处。虽群众严守秘密，无人泄漏消息，但周知莘深感夜长梦多，发生变化，一面用化整为零办法，拆箱分贮于几处民家；一面去找新四军太湖游击队委派的东山区区长张子平商量，定下调虎离山计，即雇人将两个空箱子挑到俞坞村的眠佛寺隐藏，为密探侦悉，日伪军虽去俞坞，一无所获。听人说：藏书已由新四军转移到浙江长兴山里去了。日军无可奈何。东山藏书终于保全，安然无恙。

鉴塘小学护书处（2016 年）

抗战胜利后，1946 年 3 月中旬，苏州图书馆派人至东山，将藏在杨湾鉴塘小学和村民家中的 8 大箱善本图书运回苏州，核对运出时清单，除少数着潮霉烂，受损 61 种，绝大多数完璧归赵。

◉ 1954 年杨湾开办震泽县渔民子弟学校

1954 年 9 月 1 日，太湖渔民第一所小学——震泽县渔民子弟学校在东山杨湾乡石桥村灵源寺开学。1953—1959 年，东山为震泽县县政府所在地，当时太湖渔民都生活在船上，船家连体，常年漂泊在水上，子女受教育困难。只有少数大网船渔民，能合聘教师上船对子女施教，师生食宿在船上，由学生家长轮流负担老师的工资与食宿，因而渔民文盲率达 90% ~ 95%。为解决渔民子弟受教育的困难，1954 年春，由震泽县文教局，湖中区委、区政府联合投资 3000 多元，在洞庭东山杨湾石桥村筹建震泽县渔民子弟学校。子弟学校于当年 9 月在灵源寺开学，有 108 名学生，分 3 个班级，教职员工 12 名，其中教师 5 名。学生都来自湖中区管辖下的湖中、湖胜、湖丰、运输 4 个大队的渔民子弟，离家（船）上学，全部寄宿制。

◉ 2003 年杨湾、上湾、屯湾三村合并

2003 年 11 月，东山镇原 30 个行政村合并成 12 个行政村，原杨湾、上湾、屯湾 3 个行政村合并成杨湾行政村，仍辖杨湾、大浜、上湾、张巷、石桥、湖沙、澄湾、屯湾、黄家堑、寺前、湾里、西巷 12 个自然村，26 个村民小组，区域面积 11.86 平方千米。杨湾村村委会设在轩辕宫下环山公路旁。

杨湾村村委会（2016 年）

中国历史文化名村牌匾（2016 年）

第二批中国传统村落牌匾（2016 年）

◉ 2010 年杨湾东山精密制造股份有限公司上市

2010 年，东山精密制造股份有限公司在深圳上市，为苏州市吴中区民营企业第一家上市公司。上湾钣金厂创办于 1997 年，随后更名为东山精密制造股份有限公司。

◉ 2014 年杨湾村入选中国历史文化名村

据第三次全国文物普查，杨湾村保存比较完整的古建筑 79 幢，其中元代建筑 1 幢、明代建筑 19 幢、清代建筑 38 幢、民国建筑 21 幢，建筑面积 15111.8 平方米。轩辕宫、明善堂、怀荫堂属全国重点文物保护单位，2013 年申报国家历史文化名村，2014 年 3 月，杨湾村入选住房城乡建设部和国家文物局公布的第六批中国历史文化名村名单。

附录

◉ 调研报告

打造“青蛙小镇” 留住“美丽乡愁”①

——吴中区东山镇杨湾村美丽乡村产业导入的实践与启示

包勤康　唐远花

2015 年 3 月，吴中区首个特色主题精品民宿——东山杨湾“两栖小镇”投入试运营，市场反响热烈，《人民日报》《现代快报》《苏州日报》等主流媒体分别以《这里的蛙声能卖钱》《仲夏夜去苏州“青蛙村”听取蛙声》《休闲的“青蛙村”走出农业转型路》为题对此进行了专题报道，截至目前，客房预订已至端午，周末节假日一房难求。一个经济发展受生态、资源瓶颈制约的集体经济区级薄弱村何以能频繁被主流媒体聚焦肯定，试运营的首批民宿产品在周边配套设施尚不十分完善的情况下为何备受市场青睐？近期，我们对吴中区东山镇杨湾村进行了实地调研。

一、鲜明实践

东山镇杨湾村位于吴中区东山镇西南角，总面积 11.86 平方千米，由原杨湾村、上湾村、屯湾村三村合并而成，全村现有农户 1145 户，人口 3664 人，12 个自然村。虽然受到地理、生态因素影响，杨湾村现在还是集体经济区级薄弱村，但近年来，在区镇各级领导的关心支持下，村两委班子努力谋划发展蓝图，加快提升自主发展能力，村级稳定收入从 2011 年的不足 100 万元增加到 2016 年的 285 万元，村级资产从 1500 万元增加到 4800 万元。

1. 以强烈的发展意识，辩证研判发展项目。2013 年，杨湾村进行了换届改选。尽快甩掉“贫困村”帽子，带动农民增收致富，是新当选的村两委班子面临的头等大事。杨湾村紧邻太湖，属于典型生态敏感区域，生态保护是第一要义。村两委班子领导在陆续赴台湾、北京、广东等地进行考察学习后发现，当地特色民宿产业如火如荼，而它们的区位特征、生态优势和资源并不比杨湾村强。强烈的发展意识使他们认识到，杨湾村面向太湖，自然生态优美，历史文化底蕴深厚，仅国家级文物保护单位就有 3

① 此文发表于《江苏农村经济》2015 年第六期，选录时稍作修改。

处，这些独特的资源非但不是发展的瓶颈，反而可能成为发展的最大利好。新的村两委班子研判决策，杨湾村发展，突破口就是因地制宜发展特色民宿，构建一产、三产紧密结合的特色产业链，走绿色发展道路。

2. 以强烈的规划理念，筑牢夯实产业基础。杨湾村聘请国内知名设计团队进行产业发展规划设计。经过论证，选择坐拥东山长圻码头的西巷自然村进行布点。在核心板块设计上，紧扣当下返璞归真意识形态，确定打造两栖小镇——青蛙主题文化创意生态村。首批民宿以原生态风格为主，色调淡雅自然，目前已开发建设了青蛙咖啡馆、西巷食堂、茶楼等 6 户精品民宿。还将投入资金 1100 余万元，推进栖居综合服务楼、文创杂货铺和开发农产品产业链等项目，不断完善两栖小镇旅游功能。在外围环境打造上，以江苏省村庄环境整治示范村创建和市、区两级美丽村庄建设为契机，投入资金 2000 多万元，大力实施房屋立面见新、村庄道路硬化、景观小品及小游园配套设施等工程。在配套产业发展上，加快推进区级实事工程总面积 5.4 平方公里的自行车公园建设。目前，该项目已投入资金 1200 余万元。今年计划再投资 5000 万元，着力打造集自行车运动、山水人文观光、深度体验游等项目为一体的综合性运动主题公园，与民宿产业形成聚合效应。

3. 以强烈的富民宗旨，带动农户增收致富。牵头组建了苏州市首家农房农业观光专业合作社，注册资金 742 万元，由 6 户农户的房屋使用权作价和杨湾村经济合作社货币出资组成。目前，入股期限为 15 年，农户以房屋市场评估价作为股份，每 1 万元折价为一股，入股农户每年可增收近 5 万元。下一步即将启动的“两栖小镇”二期、三期工程，会不断增加村民租金和盈利分红等收益。鼓励村民依托两栖小镇产业利好，巧搭公共“顺风车”，兴办优质农家乐。立足抱团发展，运作好杨湾劳务专业合作社和农产品专业合作社，帮助村内“40、50、60”农民充分就业，拓展农产品销售渠道，促进农民增收致富。

4. 以强烈的市场导向，推动产业行稳致远。注册成立苏州杨湾三生三品农村建设有限公司作为农房运行平台，坚持强强联合，与传翌（上海）企业管理咨询有限公司合作。精准把握当前乡村休闲旅游市场导向，加快青蛙生态村文创理念落实，在街头墙边设置青蛙雕塑和青蛙涂鸦，建设青蛙科普文化馆。引入现代服务理念，以台湾业务骨干帮带本地村民，做到服务人员既了解本地乡土人情，又具备现代服务理念，避免了有些地区原住民流失、民宿“空壳化”现象。定位中高端客户人群，每间客房均价

1000 元 / 晚，充分运用“互联网 +”等现代营销手段，开通“西巷栖居”微信公众号，扩大“两栖小镇”影响力。下一步，还将通过引入会员制，扩大并锁定优质客户群。

二、重要启示

杨湾村坚持村民零拆迁、生态零破坏、环境零污染，整合现有闲置农房资源与优美的田园山水风光、原汁原味的乡村生活和深厚的传统文化有机融合，发展特色民宿产业的实践，再一次印证了“绿水青山就是金山银山”的深刻道理。杨湾村的探索进一步表明，集体经济薄弱村要脱贫致富，加快发展，最根本的是要因地制宜发展产业，关键是要努力处理好“六个三者”关系。

启示之一：生产、生活、生态，在生态文明建设大背景下，生态良好地区可以走出一条发展新路。生态美、生活好、生产强是美丽乡村建设的核心要义。杨湾村坚持生态保护优先，加快河道生态化改造，推进污水集中处理等举措，提升了自然生态环境。通过路灯亮化、环境整洁化、长效管理制度化等措施，改善了生活环境。经过多年努力，西巷自然村这个昔日交通不便、基础设施薄弱、环境脏乱差的偏远山村已成功实现了向环境优美、宜居宜游、充满江南水乡韵味的太湖美丽山村蝶变，为杨湾村发展民宿产业提供了本钱。反过来，民宿产业和相关产业的快速发展也促进了杨湾村在更高层次上树立主动保护生态、优化生态的理念，基本形成了“三生”融合跨越发展的良好格局。

启示之二：农村、农业、农民，农民是关键因素，必须注重农民参与、维护农民权益，才能真正做好“三农”文章。曾经的杨湾村由于受到生态、资源瓶颈的掣肘，产业发展滞后，农村年轻劳动力大量外流，属于典型的“空心村”。近年来，杨湾村通过建设“两栖小镇”，发展特色民宿业，带动特色农副产品生产销售，吸引年轻劳动力回村务工创业，初步解决了农村“空心化”的问题。休闲旅游农业的蓬勃发展和农村年轻劳动力的回流能够有力带动农村的繁荣，提升农村发展活力，使农村不再是“贫穷落后”的象征，反而让村民以成为能够呼吸到新鲜空气，吃上绿色蔬菜，满足创业激情，获取不菲收入的“农二代”而自豪。

启示之三：农业、文化、旅游，既要文旅融合，也要农文、农旅融合，推动农业在融合发展中实现更大质效。杨湾村树立大农业、大旅游理念，将“两栖小镇”的打造与自行车公园、古村落保护、杨梅园建设等相结合，赋予了“两栖小镇”更为深厚的文化底蕴和生命力。以成功创建省级“一村一品”专业示范村为契机，着力培育杨梅、枇杷等更多优质农产品，让游客“空手进村、满载出村”。杨湾村加快探索并初显成效的文、体、农、旅深度整合，融观光、度假和休闲为一体的乡村旅游发展模式，直接证明，利用良好的区位条件和资源禀赋推进农旅融合、文旅融合大有可为，也势在必行。

启示之四：品味、品质、品牌，要在挖掘品味的基础上不断提升品质，进而打出、打响优质品牌。杨湾村在打造“西巷栖居”时，坚持硬件设施高品质，配备五星级标准床垫、面湖景观欧式独立浴缸、小米网络电视，配送“青蛙池塘”咖啡，部分客房还配套私人庭院和个人厨房，甚至私人专用禅房，适应不同人群的个性化需求。在品味营造上，杨湾村着力彰显太湖风光、沿湖风貌特色和深厚的文化底蕴，可让始终在城市生活的人能找到远离城市喧嚣的心灵空间。杨湾村过硬的品质和不俗的品位，也开始让“两栖小镇”的民宿品牌在客户的口口相传中加快形成。

启示之五：集体、公司、农民，村集体是组织主体、管理主体，公司是运营主体、市场主体，农民要成为参与主体、受益主体，要合理构建相关主体的利益联结机制。村集体是村级要素集聚的平台和引领者。无论是杨湾村民宿产业发展的规划蓝图，还是其所依托的闲置农房资源整合，没有集体的引导，是很难实现的。在村级经济发展中，集体要当仁不让地扮演领头羊和带路人角色。公司是现代农村、农业经营不可或缺的市场主体，对推动农村经济社会持续快速发展至关重要。成立合作社实现抱团发展，把农户的利益联结起来，又解决了老百姓个体能力有限、市场信息不对称等缺陷。农民是农村发展的主体和当然受益者。杨湾村民具备双重身份，既作为股东参与监督管理，又分享由集体引导、公司运作带来的资源集聚的溢出效应，为当下集体经济发展中找准村集体、集体经济组织和农民三者的发展、管理和利益分配定位提供了参考。

启示之六：青山、绿水、乡愁，不光要追求“看得见青山绿水”，更要在“记得住美丽乡愁”上下功夫、做文章、出亮点。吴中区 2015 年启动实施《美丽乡村建设行动计划（2015—2020）》，按美丽村庄、康居乡村和安居乡村标准，对 109 个特色村、408 个重点村和 421 个无撤并计划的一般村进行提标升级，致力在奠定青山绿水等物的基础上，将美丽村庄建设提升到乡愁文化高度。在这一过程中，杨湾村依托青山绿水，着力挖掘当地青蛙资源，以此为“卖点”将闲置民房“变废为宝”，同时妙用青蛙博物馆等方式唤起人们对于生态资源保护的意识，使闲散资源变成了发家致富“金母鸡”，保持了青山绿水这根“生态命脉”，守住了山水故土这片“人文情怀”，推动了生态、经济和社会三大效益协同并进，成为吴中区美丽乡村建设的一个美丽典范。

三、政策建议

美丽乡村建设是吴中区巩固深化农村村庄环境整治的升级版，契合中央精神，体现区情实际，顺乎民心民意，对于促进农民致富、推动农业发展、繁荣农村经济，特别是对推动沿太湖地区的农村集体经济发展，构建具有吴中特色的城乡发展一体化新格局意义重大。

1. 建议要重视美丽乡村建设过程中的产业导入，并把产业导入作为建设“美丽乡村”的重要方面和根本支撑。“美丽乡村”不仅指农村生态环境优美、村貌整洁有序，更体现为农民素质提升和收入增长。建设美丽乡村，政府投入只能是治标，通过产业导入提升农村内生发展动力才是治本。建议在美丽乡村建设中借鉴杨湾村通过产业导入发展村级集体经济、带动农民增收的做法。在规划时要同步考虑产业发展，推动村庄环境整治、公共服务配套及整体风貌建设与合理利用田园风光、特色果品、山水资源和传统文化等有机融合，做到产业定位宜工则工、宜农则农、宜商则商、宜游则游，为美丽乡村建设注入源源不断的活力，推动“乡村，让城市更向往”。

2. 建议在产业导入实践中，积极运用改革理念赋予百姓更多权能，使产业导入的过程成为“为百姓服务、让百姓得益”的过程。杨湾村通过组建农房合作社，盘活闲置农房资源等做法，既解决了产业发展的资源问题，又带动了农民增收。今年，农村集体资产股份权能改革国家级试点将落户吴中，需要牢固树立改革创新是农村发展的最大动力理念，紧扣“确权、赋能、增收”目标，因地制宜推进股权固化等改革，固化农民财产权益，赋予农民对集体资产股份继承、退出等更多权能。使集体资产股份权能改革、产业导入成为盘活全区农村各类要素资源，实现集体经济发展质效与农民财产性收益双提升的重要助推器。

3. 建议以美丽乡村建设产业导入为有效抓手，为全区第四轮集体经济薄弱村帮扶注入新动力，加快环太湖区域脱贫致富步伐。杨湾村打造“青蛙小镇”，发展民宿等产业的做法表明，产业发展的资源瓶颈制约是相对的，只要因地制宜，生态敏感地区的贫困村也能走出产业发展新路子，带动农民增收致富的新渠道。薄弱村的村两委党员干部特别是村党组织书记要有强烈的发展使命和责任担当，把握产业导入这个根本，在解决好特色农产品销售、提升农产品附加值上拓新路，推动集体经济和农民收入的同步增长。进一步发挥“1+3+1”挂钩帮扶机制作用，通过政策、资金、人才等帮扶，引导薄弱村因地制宜推进农旅、文旅融合，着力打造一村一业（品），为加快脱贫致富注入强大的内生动力。

4. 建议以西巷打造“青蛙村”“两栖小镇”为品牌带动和示范引领，积极规划打造“环太湖特色民宿带”，与环太湖酒店集群等形成互补，助推环太湖旅游度假产业发展。吴中环太湖地区具有发展民宿业得天独厚的条件，出入交通方便，大部分村落仍基本保留着传统的、原生态的农村生活格局，可供利用的闲置农房较多，可与环太湖酒店集群融合互动，适应游客多层次需求，提升吴中环太湖旅游吸引力。建议当前以杨湾村为试点，重点在打造创意主题、导入公共服务配套和提升运营管理等方面发力，加大政策、资金投入力度，打响“青蛙村”“两栖小镇”民宿品牌。适时编制《环太湖民宿产业发展规划》，按照一村一特色、一村一品牌的特色，在东山和西山等环太湖区域有条件的村落大力推进民宿产业发展，使之成为吴中环太湖旅游度假的重要增长极、推动集体经济发展和老百姓致富的重要载体。

◉ 抽样调查

2016 年关于杨湾村村民收入、消费的抽样调查

杨湾村农村经济，主要是村民收入与消费，通过西巷、张巷、大浜高、中、低三个自然村抽样调查，发现一些特色与消费中的误区。

收入部分：三个村传统的茶叶与果品经济仍占村民经济收入的主体，分别占69.1%、45.6%、61.8%；村办工业与务工收入比重增加，如张巷村占年总收入的47.2%；旅游业后来居上，发展较好的西巷村占到总收入的15%，并呈上升趋势。

消费部分：收入与支出相比，张巷村节余 15 万元、西巷村负 38 万元、大浜村负72 万元。存在问题：住宅建设投入过大，分别占年支出的 39.9%、40.4%、37.5%。

西巷　俗称青蛙村，位于杨湾西南山区岭下杨梅园内，南临太湖（长圻环山公路），是长圻也是东山最西面的村子。以茶果生产、旅游业与务工收入为主，一、二、三产业兼备，是 2016 年杨湾村人均收入最高的自然村。全村 53 户，187 人，131 个劳动力，2016 年村民经济总收入 1150 万元。

主要收入构成：

农业（茶叶、花果）：全村茶果面积 932 亩，总收入 795 万元。其中茶园 22 亩，450 万元。花果 910 亩，345 万元。

旅游业：建办西巷茶楼、咖啡馆、文化民居、码头壹号农家乐、西巷食堂等文化产业与农家乐民宿，年净收入 150 万元。

务工：全村 131 个劳动力中，50 多个劳动力在外就业与务工，其中包括高校和中专毕业生在外就业，以每人年收入 3 万元计，年务工收入 150 多万元。

其他收入：养殖业、采莼菜、太湖捕捞等收入 55 万元。

主要消费全年 1188 万元，构成：

日常生活：主要米柴油盐等开门七件事，以及穿衣、出行、婚丧礼仪等支出，合计 120 万元。

生产管理：用于发展生产，购买枇杷、茶叶、杨梅苗木与排涝抗旱机械 60 万元，果树、茶叶管理，购买有机肥、化肥、农药及生产设备 160 万元，合计 220 万元。

建房：全村有 5 户村民新建或翻建楼房、别墅，平均每户造价 96 万元，合计 480 万元。

购车：全村新购小车与卡车 15 辆，每辆车平均 15 万元以上，计 230 万元。

读书：在校大中专学生 4 人，全年在外生活费与学费人均 2 万元，计 8 万元。

医疗：农村实行大病医疗保险后，村民生恶、重、大病治疗基本得到保险，国家报销后村民自负部分 80 万元。

旅游：大多至江、浙、沪及华东地区游览，亦有少数村民出国旅游，计 50 万元。

2016 年西巷村经济总收入 1150 万元，生活、生产支出费用 1188 万元，村民收入与支出基本持平。

张巷村　位于轩辕宫北端，南接上湾村，北连石桥村，东临太湖（现环山公路）。以茶果生产、旅游业与务工收入为主，一、二、三产业兼备，是 2016 年杨湾村人均收入中档的自然村。2016 年 12 月，有 146 户，483 人，338 个劳动力，村民经济总收入 1820 万元。

主要收入构成：

农业（茶叶、花果）：全村茶果面积 1210 亩，收入 830 万元。其中茶园面积 190 亩，收入 380 万元。花果 1020 亩，收入 450 万元。

务工：其中村办企业 2 家，年税后利润 116 万元；全村 338 个劳动力中，186 个劳动力在外就业与务工，其中包括高校和中专毕业生在外就业，以每人年收入 4 万元计，年务工收入 744 万元，合计 860 万元。

旅游业：建办有石桥头农家乐、山清水秀农家乐、石桥山庄等农家乐民宿餐饮近家，年收入 90 万元。

其他收入：主要为养蟹、采莼菜、太湖捕捞等收入，计 40 万元。

主要消费 1805 万元，构成：

日常生活：米柴油盐等开门七件事，以及穿衣、出行、婚丧礼仪等，计支出 180 万元。

生产管理：发展生产，购买枇杷、茶叶、杨梅苗木与排涝抗旱机械 90 万元，果树、茶叶管理，购买有机肥、化肥、农药及生产设备 170 万元，合计 260 万元。

建房：全村有 8 户村民新建或翻建楼房、别墅，平均每户造价 90 万元，合计 720 万元。

购车：全村新购小车与卡车 24 辆，每辆车平均 15 万元，合计 360 万元。

读书：在校大中专学生 10 人，全年在外生活费与学费支出人均 1.5 万元，计 15 万元。

医疗：农村实行大病医疗保险后，村民生恶、重、大病治疗基本得到保险，该村 2016 年有 6 人患上大病，国家报销后村民自负部分达 180 万元。

旅游：大多至江、浙、沪及华东地区游览，也有 12 人至国外旅游，计 90 万元。

2016 年张巷村经济总收入 1820 万元，生活、生产支出费用 1805 万元，收入与消费基本持平。

大浜村 又名周家浜，位于杨湾村东端，蒉家山西山坡，以茶果生产为主，务工与旅游收入较少。是 2016 年杨湾村人均收入最低的自然村。有 112 户，422 人，295 个劳动力，村民经济总收入 1128 万元。

经济收入构成：

农业（茶叶、花果）：全村茶果面积 785 亩，收入 698 万元。其中茶园面积 170 亩，收入 338 万元。花果 615 亩，收入 360 万元。

务工与经商：全村 295 个劳动力中，到前山及城里务工、经商达 120 人 ，收入 280 万元。

旅游三产：开办有朱家庄饭馆、杨湾饭店、影园旅馆等农家乐民宿餐饮，收入110万元。

其他收入：主要为内塘养殖、饲养业等收入40万元。

主要消费1200万元，构成：

日常生活：主要为米柴油盐等开门七件事，以及穿衣、出行、婚丧礼仪等，计支出120万元。

生产管理：其中发展生产，购买枇杷、茶叶、杨梅苗木与排涝抗旱机械60万元，果树、茶叶管理，购买有机肥、化肥、农药及生产设备140万元，合计200万元。

建房：全村有5户村民翻建新楼房，平均每户造价90万元，450万元。

购车：新购小车10辆，平均23万元1辆，计230万元。

读书：在校大中专学生10人，全年在外生活费与学费支出人均1万元，计10万元。

医疗：农村实行大病医疗保险后，村民生恶、重、大病治疗基本得到保险，国家报销后村民自负部分120万元。

旅游：大多至江、浙、沪及华东地区游览，共70万元。

2016年大浜村经济总收入1128万元，生活、生产费用及投资性建房、发展生产等支出，计1200万元，收入与支出相比，负72万元。

主要参考文献

1. 周克豫等纂修：《周氏家谱》，清嘉庆五年（1800）爱莲堂刻本。

2. 周邦翰等纂修：《洞庭东山周氏支谱》，1916年刻本。

3. 王季烈等纂修：《莫厘王氏家谱》，1937年石印本。

4. 吴永锡纂修：《延陵吴氏族谱》，清乾隆三年（1738）木刻活字本。

5. 叶德辉等纂修：《吴中叶氏族谱》，清宣统三年（1911）东洞庭逵公宗祠木刻活字本。

6. 叶启绥纂修：《纪革叶氏支谱》，清康熙三十三年（1694）刻本。

7. 翁先声等纂修：《洞庭翁氏世谱（白沙支）》，清光绪七年（1881）刻本。

8. 万履占等修：《洞庭东山万氏宗谱》，清道光二十三年（1843）刻本。

9. 金孝坤等纂修：《橘社金氏家谱》，清乾隆元年（1736）刻本。

10. 张武镛纂修：《东山张氏族谱》，1917年崇本堂石印本。

11. 陆澹安纂修：《杨湾陆氏张巷支谱》，清宣统二年（1910）明志堂抄本。

12. 孙广榛等纂修：《石桥孙氏家谱》，1916年集庆堂抄本。

13. 蔡升撰，王鏊重撰：《震泽编》，明弘治十八年（1505）刻本。

14. 郑坤撰：《洞庭记》，清乾隆五十一年（1786）《郑氏世谱》卷四。

15. 翁澍撰：《具区志》，清康熙湘云阁刻本。

16. 金友理撰：《太湖备考》，江苏古籍出版社，1985年。

17. 吴定璋辑：《七十二峰足徵集》，清乾隆十年（1745）依绿园刻本。

18. 郑言绍撰：《太湖备考（续编）》，江苏古籍出版社，1985年。

19. 王维德撰：《林屋民风》，清乾隆洞庭梧凤楼刻本。

20. 李根源撰：《吴郡西山访古记》，1929年。

21. 叶承庆著：《乡志类稿》，1944 年洞庭东山旅沪同乡会出刊。

22. 许明煦撰：《莫厘游志》，1987 年刊印。

23. 赵国璋主编：《江苏艺文志（苏州卷）》，江苏人民出版社，1993 年。

24. 杨维忠采写：《东山民间故事集》，海南出版社，1996 年。

25. 杨维忠主编：《东山艺文志》，广陵书社，2008 年。

26. 杨维忠浅释：《东山古诗三百首》，远方出版社，2002 年。

27. 杨维忠著：《王鏊传》，苏州大学出版社，2014 年。

28. 杨维忠编著：《王鏊诗文选》，苏州大学出版社，2015 年。

29. 杨维忠编著：《莫厘王氏人物传》，苏州大学出版社，2016 年。

30. 杨维忠主编：《杨湾村志》，苏州大学出版社，2016 年。

◉ 编纂始末

《杨湾村志》是一本地方志书，也是一部通俗的历史读物。书中有不少精彩的亮点，“太湖风月三千顷，南宋遗泽八百年”，这个位于太湖边陲，江浙交界处的古村落已 800 多年。“仁者乐山，智者乐水”；历史遗存，灿若群星；民居第宅，古朴恢宏；佳果湖鲜，名扬四海；代代向学，人才辈出；一个旧颜新貌的杨湾正从远古走来。

《杨湾村志》既是一部村志，又可作为一本名村游的旅游指南，因而其编纂语言也有别于一般的方志书编写体例，在撰稿时力求鱼和熊掌兼得，既尊重名村的历史性与真实性，又注重其可读性。力求运用真实详尽的资料，通俗易懂、生动活泼的语言，全面介绍杨湾名村的精彩之处，引领读者前往旅游观光，在那里可游、可看、可怀古、可探幽，可选购富有特色的物产，也可领略到当地的民俗风情。因所介绍的对象是历史文化名村，故语言稍偏重于文史味。

此书的编写，得到了中国地方志指导小组办公室、江苏省地方志办公室、苏州市地方志办公室与吴中区地方志办公室、吴中区档案局方志科等单位的关怀与指导；得到了东山镇党委、政府的大力支持，杨湾村陆雄文、秦荣芳、黄美峰、吴永强、朱瑛等领导和乡土专家给予了帮助，鲍建国、倪浩文、秦伟根、金其传、计龙根、张颂钧、郑思年、陈爱民、黄寅等先生提供图片，在此一并致谢。

由于时间紧促，又限于经验和水平，错误不妥之处，敬请专家、学者和广大读者予以批评指正。

编　者

2017 年 12 月